子ども家庭支援の心理学入門

大倉得史・新川泰弘

[編著]

ミネルヴァ書房

は し が き

　近年，子ども・子育て家庭を取り巻く環境は大きく変化している。近所付き合いの減少によって子ども・子育て家庭と地域社会とのつながりが希薄化し，かつて形成されていた近隣ネットワークが機能しなくなりつつある。また，子育ての悩みを抱える子育て家庭が増加し，就労ニーズの多様化に伴う待機児童問題が深刻化し，子どもの貧困問題が表面化している。子育て家庭の抱える子育ての負担感，不安感，孤立感が高まり，子育てや子ども虐待に関する相談件数も増加の一途を辿っており，大きな社会的問題になっている。

　少子化が進んでいる現代社会においては，日常生活で乳幼児と関わったり，触れ合ったりする機会が減少し，子育てについてのイメージが描きにくくなっている。そして，そのことがさらなる子育ての負担感，不安感へとつながって，子育てが難しい状況を生み出している。こうしたことから，子ども・子育て家庭への支援が今まで以上に必要となってくるが，その際，支援者にとっては，人の生涯発達プロセスと子ども・子育て家庭の社会的背景および子どもと子育て家庭に対するさまざまな支援について理解することが大変重要になる。

　こうした支援において，今後とりわけ重要な役割を担うと思われるのが保育士である。この保育士の養成に関わって，厚生労働省雇用均等・児童家庭局（現子ども家庭局）は，2017年（平成29）12月4日に，「保育士養成課程等の見直しについて〜より実践力のある保育士の養成に向けて〜（検討の整理）」と題した報告書を発表した。この報告書では，まず6つの見直しの観点を挙げている。すなわち，①乳児保育（3歳未満児）の保育の充実，②幼児教育を行う施設としての保育の実践，③「養護」の視点を踏まえた実践力の向上，④子どもの育ちや家庭への支援の充実，⑤社会的養護や障害児保育の充実，⑥保育者としての資質・専門性の向上である。

　そして，この観点に立って，教科目の名称や教授内容等について具体的な方向性を提案している。新教科目「子ども家庭支援の心理学」については，教授目標に関して，「1．生涯発達に関する心理学の基礎的な知識を習得し，初期経験の重要性，発達課題等について理解する。2．家族・家庭の意義や機能を理解するとともに，親子関係や家族関係等について発達的な観点から理解し，子どもとその家庭を包括的にとらえる視点を習得する。3．子育て家庭をめぐる現代の社会的状況と課題について理解する。4．子どもの精神保健とその課題について理解する。」としているのである。この提案を受けて，保育士養成課程のカリキュラム改正が行われ，2019（平成31）年4月よりそれが実施されることになったのであるが，本書は，新カリキュラムの教科目「子ども家庭支援の心理学」に応じたものである。

　本書の内容は，次の12章より構成されている。すなわち，第1章「親子関係・家族関係

における発達の理論と実際」，第2章「乳幼児期の子どもの発達と家庭」，第3章「児童期の子どもの発達と家庭」，第4章「青年期以降の発達の特徴と課題」，第5章「家族・家庭の意義と機能」，第6章「子育て家庭を取り巻く社会的状況と課題」，第7章「子育て・仕事とライフコース」，第8章「特別な配慮を要する子どもと家庭の理解と支援」，第9章「発達支援が必要な子どもと家庭の理解と援助」，第10章「子どもの生活環境・生育環境と生活習慣の獲得」，第11章「子どもの心の健康問題と子ども家庭支援」，第12章「子ども家庭支援をめぐる現代の社会的状況と課題」である。また，各章の終わりには，内容の確認・応用・深化のために，「演習問題」を設けている。さらに，子ども家庭支援に関する5つのコラムを掲載している。

　全編を通して，子どもと子育て家庭の支援に関するその分野の専門家が，各章・コラムを執筆担当している。本書により，人の生涯発達プロセスと子ども・子育て家庭の社会的背景および子どもと子育て家庭に対するさまざまな支援に関して，基礎的および専門的な知識・技術を学ばれ，将来子どもと子育て家庭を支援する役割を担っていただくことになれば，編者にとって望外の幸せである。

　最後に，本書の出版を快くお引き受けいただいたミネルヴァ書房に，とりわけいろいろとご助言ご援助をいただいた編集部長の浅井久仁人氏に，心より厚くお礼申し上げたいと思う。

編者一同

子ども家庭支援の心理学入門　目　次

コラム

第1章　親子関係・家族関係における発達の理論と実際

　本章では人間の生涯にわたる成熟の過程について学び，今なぜ子育て支援が必要とされるのかを理解することを目標とする。

1．エリクソンの心理・社会的発達論——人間は社会の中で育つ

　人間には一人ひとり異なる個性があり，生き方も人それぞれである。しかし，多くの人が人生の中で直面する問題には，ある共通性があるのではないか。このような視点から，人間の一生（ライフサイクル）を8つの時期に分け，それぞれの時期の重要な問題（後に述べる危機）を示したのが，エリクソンのライフサイクル論である（Erikson, 1959/2011）。

　表1-1は，彼が提示した個体発達分化図表（漸成図表ともいう）である。乳児期の「基本的信頼対基本的不信」，幼児初期の「自律性対恥・疑惑」……といったように，各時期の生活における重要なテーマが示され，年齢と

表1-1　エリクソンの個体発達分化図表

I 乳児期	基本的信頼 対 基本的不信							
II 幼児初期		自律性 対 恥・疑惑						
III 幼児後期			自主性 対 罪の意識					
IV 学齢期				勤勉性 対 劣等感				
V 青年期	時間的展望 対 時間的拡散	自己確信 対 自意識過剰	役割実験 対 否定的アイデンティティ	達成の期待 対 労働麻痺	アイデンティティ 対 アイデンティティ拡散	性的アイデンティティ 対 両性的拡散	リーダーシップと服従 対 権威の拡散	イデオロギーの明確化 対 理想の拡散
VI 若い成人期						親密性 対 孤立		
VII 成人期							世代性 対 停滞	
VIII 老年期								統合 対 絶望
徳（人間的強さ）	希望	意志	目的感	有能感	誠実さ	愛情	世話	知恵

出典：Erikson（1959/2011）を一部改.

ともに右下に進んでいく。それぞれの時期について詳しく見ていこう。

（1）乳児期（0歳代）

　乳児が健全に生活するために，養育者の丁寧な世話は欠かせない。乳児の栄養面や衛生面の欲求や，温かいスキンシップを求める欲求に，養育者が丁寧に応えていくと，乳児には「他者やこの世界は，自分にとって悪い存在ではない」という信頼感，自分自身についても「自分は愛に値する存在なのだ」という感覚が芽生えてくる。子どもが漠然ともつようになるこのような良い印象を，基本的信頼という。これは人間の生きる力の源になる感覚であり，非常に重要なものである。

　しかし，乳児期後半に歯が生え始めると，養育者は乳首を噛まれる痛みから授乳を続けることが困難になる。このとき，乳児には養育者との濃密なつながりが失われてしまった，自分は愛されていないのではないか，この世界でやっていけないのではないか，といった感覚が生じる。この漠然とした印象を基本的不信といい，その後の人生においても一定程度は残る。この基本的不信は，「自分はもしかしたらダメかもしれない」という不安などにつながる感覚であるが，人間はそれがあるからこそ慎重に計画を立てたり，努力したりするのだともいえる。したがって，基本的不信もまた，生きていく上で重要な感覚である。

　乳児期は，基本的信頼と基本的不信という対照的な2つの感覚のあいだを揺れ動き，どちらがその人の根本に定着するのかという分岐点だと見ることができる。これは，パーソナリティ（性格，人格）の重要な要素を決定する重大な山場であり，エリクソンはこうした分岐点・山場を危機と呼ぶ。つまり，彼のライフサイクル論とは，乳児期から老年期までに計8つの危機があり，この危機をどのように潜り抜けていくかということが，その人のパーソナリティや生き方を決定付けていくとする理論なのである。

　上にも述べた通り，基本的不信も重要な感覚であるが，やはり全体としては基本的信頼の量が上回る形で，乳児期を通過するのが望ましい。養育者の丁寧な世話と愛情によって，乳児期をそのような形で通り抜けることができるとき，子どもは人が生きていく上で最も必要な力，希望という特性を手に入れる。たとえ困難な状況に置かれたときでも，事態が良い方向に進むことを待つ力，きっと何とかなると前を向く力を手に入れることができるわけである。このように，ある危機を好ましい形で通り抜けるときに獲得される人間的な強さ，生きる力につながるパーソナリティの要素を，エリクソンは徳と呼ぶ（表1-1の下部に，各時期に獲得される徳を記載している）。逆に，この時期に適切な養育が行われないと，乳児の中で世界や他者，自分自身に

対する基本的不信の方が大きくなり，問題を抱えたパーソナリティになって
いく危険性がある。

　さらに，次の 2 つのことを指摘しておかねばならない。

　第一に，養育者が乳児を世話するのは，乳児が自分一人では生きていけな
い無力な存在だからであるが，逆に言えば，乳児はその「無力さ」によって，
養育者を世話へと差し向ける「力」をもっていると見ることができる。子ど
もができ，自分自身が人生上の危機（後で説明する「世代性対停滞」）に直
面している養育者は，乳児を育てることによって初めて，一人前の親となっ
ていく。ある意味，乳児は，育てられることによって，養育者や家族の者を
育てているのである。このように人と人とが自分のためと同時に，相手のた
めにも生きているという関係，社会の中で成熟していくために，お互いがお
互いを必要とする関係にあることを，相互性という。

　第二に，乳児に対して「最低限しなければならないこと」（栄養や愛情の
供給）と，「これ以上してはならないこと」（肉体を傷つけたり，欲求不満状
態に置き続けたりすること）のあいだに，ある程度の「しても良いこと」の
幅がある。そして，社会や文化の違いによって，この幅の中でさまざまな躾
がなされることになる。養育者が子どもの気持ちに寄り添って丁寧に対応す
るのが理想的だとされる日本などのような文化もあれば，立派な狩人へと子
どもを育てるためには，母親の乳首を嚙んだ子どもにげんこつを食らわせ，
真っ赤な顔で怒らせなければならないと信じているアメリカ先住民の文化も
ある（Erikson, 1950/1977）。このように，それぞれの文化は，その文化が理
想とする人間像へ向けて，本質的な知恵と迷信が入り交ざった子育て観を
もって子どもを育てていくのである。このように，一人の人間が形づくられ
ていく過程を社会や文化と絡めて見ていく視点を，心理・社会的視点という。

（2）幼児初期（1〜2 歳）

　この時期になると筋肉の急速な成熟とともに，歩行や物の保持が可能にな
る。また，言葉を覚え始め，識別力も増大するなど，さまざまな能力が身に
付いてくる。それを受けて，養育者の側も排便の躾（トイレット・トレーニ
ング）などをするようになり，子どもは我慢すべきときに我慢をし，適当な
場所でそれを解放することを覚える。このように自分の身体を自在に操作す
るような経験を通して，子どもは自分のことを自分でできるという感覚（自
律性）を育んでいく。

　一方で，お漏らしをしてしまったり，言葉を間違えてしまったりして自ら
の無能力をさらけだしてしまったと感じた場合，子どもは恥の感覚や自分自
身への疑惑を覚える。つまり，ここで子どもは新たな危機（自律性対恥・疑

惑）に直面するのであり，自律性の感覚が恥・疑惑の量を上回る形でこの危機を通り抜けるとき，自分でやろうと思ったことをやりとげようとする意志の強さを身に付けるのである。

（3）幼児後期（3〜5歳）

この時期には，子どもは自由に，より激しく動き回れるようになり，友だちとルールのある遊びをするようになる。想像の世界を広げ，絵本の物語を楽しんだり，ままごとや「〇〇ごっこ」の登場人物になりきったりして遊ぶ中で，子どもは将来，自分がどんな人間になれば良いかを考え始めるのである。自分の世界の中で，自分なりの楽しみを見つけ，そこに没頭していく感覚を自主性と呼ぶ。これは人生をワクワクに満ちた，みずみずしいものにするために欠かせない感覚である。

その一方で，友だちとの協働的な遊びは，しばしば競争や衝突を引き起こす。誰かを仲間外れにしたり，ライバルに打ち勝ったりするといった他者を傷つける体験は，子どもの中に「悪いことをした」という罪の意識を生じさせる。これは，私たちが他者のことを思いやろうとする心の動きにつながる重要な感覚であるが，あまりに大きくなりすぎると遠慮して，自分なりの楽しみを追求することができなくなってしまう。重要なことは，自主性の感覚が罪の意識を上回る形でこの時期を通過することであり，そのとき子どもは「これをやっていきたい」といった目標をもち，それによって生活を方向付けていく目的感という力を得るのである。

（4）学齢期（小学校）

空想や遊びを楽しむ時期を一通り通過すると，子どもたちは現実にはまだ自分が何も作り出せず，完成させる能力がないことに物足りなさを感じ始める。子どもの想像力が飽和するこの時期こそ，子どもが最もすばやく，しかも熱心に学習するときであり，同時に現実的な義務や規律，自分に与えられた仕事を喜んで引き受けようとする時期なのである。この5〜6歳のタイミングをとらえて，多くの文化で学校教育が始まる。子どもは学校生活の中で，現実に役立つ知識をコツコツと学び，実際に何かを作り上げたり達成したりすることに喜びを感じるようになるが，この達成感を求めて励む感覚を勤勉性と呼ぶ。

一方で，新しいことを学び，新しい力と技術を身に付けたいという子どもの自発的欲求に対して，学校があまりに過度の知識の習得を要求したり，その自発的欲求を挫けさせるような場面にあふれていたりすると，子どもは「自分はついていけない，能力のない人間である」といった劣等感を育み，

無気力に陥ってしまう。学校生活の中で，何らかの劣等感を感じることは避けられず，ある程度それが必要なのだとしても（劣等感があるから努力する，謙虚になる，など），それを上回る形で勤勉性の感覚を身に付け，何らかの分野（勉強，スポーツ，芸術，その他何でも良いのだが）では自分は「そこそこできる」という有能感を得ることが，健康なパーソナリティには不可欠なのである。

（5）青年期（中学校〜大学）

　青年期になると急速な身体的成長と性的成熟（第二次性徴）が起こり，自己の内部から不協和な感覚が生じてくる。同時に，この時期は社会的に見ても，自立や職業選択を迫られ，自己のあり方を問われ直すような時期である。こうした内と外からの圧力によって，それまで信じられていた自己の斉一性（「自分は一貫した，まとまりある一個の存在だ」）や連続性（「自分はこれまでも，これからも着実に人生を歩んでいく存在だ」）が脅かされるようになる。

　子ども時代は，周囲の大人たちの言うことに従い，その中でも特に理想となる人やものに「同一化」することで，自分のあり方が決まってきた。同一化とは，真似をしたり，ある部分を取り込んだり，相手と同じ立場に立って同じ心情を味わったりすることである。たとえば親や教師，友人，本やテレビの中の人物などに憧れ，同じような振る舞いをしたり，そうした人物が提示してくれた価値観や規範を自分のものにしたりと，子どもはさまざまな人物に同一化を向ける。「自分」とは，そうした他者との関係性の中で作られてきた「同一化の束」のようなものである。しかし，青年期にはそうした数々の「同一化」を取捨選択して，自分で自分のあり方や理想を改めて決定し直すことを迫られる。つまり，自分がどういう存在であり，どういうところで一貫性を保っていくかを自分で決めること，自己の「同一性」を確立することが要請されるのである。この自己の「同一性」の感覚を，アイデンティティという。

　ただし，アイデンティティは自己の内部でまとまりをつけるだけで得られるわけではなく，心理・社会的なもの，他者や社会からの承認があって初めて成立するものだという点に注意しなければならない。過去のさまざまな「同一化」を通して育まれてきた理想や適性のうち，何が最も自分にふさわしいのかを，自ら主体的に，これというように選び直して，それを社会の中の何らかの「職業」に結び付けていくこと，そうやって自分が社会の中で意味をもつ存在であることを他者たちに認めてもらい，「これでいいのだ」という自信を積み重ねていくこと，それがアイデンティティの感覚につながる

のである。

　逆に，過去のさまざまな「同一化」を統合できず，まとまりある自己の感覚が揺らぎ，社会の中でどのような役割を背負っていくかを決められない状態，平たく言えば，自分が何者であるかが見失われ，将来の展望も開けず，むしろあらゆる役割を拒否することで無気力になっていく状態が，アイデンティティ拡散である。こうした状態にあっては，他者に対して，また自分自身に対して誠実であるということは，なかなか難しい。それまでの自己を突き崩していこうという動きと，崩れたものをまとめあげようとする動きが激しく渦巻く青年期の危機を，アイデンティティの感覚が上回る形で通過するということは，他者や自分自身に対する誠実さを身に付けることでもある。

　なお，青年期には，これまで潜り抜けてきた危機がもう一度形を現れてくると同時に，成人期以降これから潜り抜けていく危機も前触れ的な形で生じてくる。個体発達分化図表の青年期の行には，過去や未来の危機がそれぞれどのような形で現れてくるのかも記載されている。

（6）若い成人期（20歳～結婚）

　若い成人たちにとって大きなテーマとなるのは，どのような他者をパートナーとし，どのような関係を築いていくかという問題である。たとえば，アイデンティティの問題が主要なテーマとなっているときの恋愛は，揺れ動く自分自身を支えるための補助的手段であったり，真の自分自身を発見するための協同的探索であったり，高まる性衝動の一時的なはけ口であったりする。そうした恋愛は，真の融合や自己犠牲を伴わない「自分のため」の恋愛である。このように，自らのアイデンティティをまだ確立できていないとき，人は真に親密な対人関係に尻込みしてしまうのである。

　一方，青年期のアイデンティティの課題を解決しつつある若者たちは，仕事や恋愛や友情の中で，相補的で安定した関係を他者と取り結ぼうとする。自分のアイデンティティと他者のそれとを融合・調和させ，互いに補い合うようにすることで，さらに豊かで力強い存在証明を得ようとするのである。これは，揺れ動く自分自身を何とか保とうとする「自分のため」の対人関係とは異質な，ときに有意義な自己犠牲や妥協も伴う具体的協力関係（「相手のため」でも「自分のため」でもなく「お互いのため」を目指す関係）である。このように，お互いを異なる個人として尊重しつつ協力し合うような安定的な関係において，パートナーと深い心的な交流をし，そこからさらなる喜びや活力を得ていこうとする感覚を親密性という。

　逆に，若者がこの時期にそのような深いパートナーシップを築くことを避け，表面的な対人関係で満足してしまう場合，その人はいずれ深い孤立の感

覚を味わうようになる。たとえ社会的な大成功を収め，誰もがその人をうら
やむような状況になったとしても，その人自身は他者との相互性の中で，他
者と共に生きている真の自己を感じることができないからである。

誰かと親密な関係を結ぼうとするときに必ず生じてくる困難や責任に尻込み
せず，むしろそれを引き受けることによって新たな活力を獲得していこうと
する態勢を作れるかどうか，誰かを愛し，それを維持していく愛情という徳
を身に付けられるかどうかというのが，この時期のテーマとなる。

（7）成人期（子育て期）

　心理的に成熟し，性的に結ばれたカップルたちは，やがて二人のパーソナ
リティとエネルギーを結合させて，共通の子孫を生み出し，育てたいと願う
ようになる。この願いによって促される，さまざまな形の人格の発達（次世
代を確立することに関わる発達）を世代性（ジェネラティビティ）という。
たとえば，親として子どもを守り，育てていく責任をもつこと，その際に必
ず必要となる自己犠牲を受け入れること，それにより社会人としての視野が
広がり寛容になること，人類が脈々と受け継いできたいのちの連続性を深く
実感することなどが，それに当たると考えられる。ただし，子どもを産み育
てることが絶対条件というわけではなく，諸々の事情や，他の方面に対する
特別な才能のために，エネルギーを子孫を生み出す方向にではなく，利他的
な社会活動や創造的活動に向ける人もいる。その場合には，それこそがある
世代を生きる一人の社会人としてのその人なりの責任の表し方であり，それ
もまた世代性の一つの形となり得る。

　一方，そのような豊かな世代性の感覚を得ることに失敗してしまうと，人
はしばしば偽りの親密さを強迫的に求めるようになる。そして，単調な毎日
を繰り返しているという生活全般にわたる停滞の感覚や対人関係の貧困化に
さいなまれることになる。世代性の感覚を十分に発展させ，次の世代をいろ
いろな形で世話していくためのエネルギーを引き出していけるかどうかとい
うことが，この時期のテーマである。

（8）老　年　期

　自分以外の人間を生み出す者として，あるいは物や考えを生成する者とし
て，世話をし，さまざまな喜怒哀楽を味わってきた人は，次第に7つの段階
の各要素を統合していく。ここで言う統合とは，自らの一回限りの人生を
「これで良かった」と受容し，生涯の中で出会った重要な人々をかけがえの
ない存在として受容すること，人間の尊厳や愛を伝えるために，それぞれの
仕方で異なる時代に生きた人々に対しても仲間意識をもつこと，自らのライ

フサイクルが歴史の中のある時点において生み出された偶然の産物であることを理解しつつ，そこにかけがえのなさを見出すことなどを含む感覚だと考えられる。

一方，この統合の感覚が欠如していると，人は絶望や死の恐怖に囚われてしまう。絶望とは，自らの人生を決して受容することはできないが，かといって別の人生を始めるには時間が足りなさすぎるという感情であり，多くの場合，特定の制度に対する嫌悪や人間嫌い，自己嫌悪として表現される。幸いにも統合がなされるのだとすれば，それは人生についての本質的な知恵を含んだものになる。

2．鯨岡峻の関係発達論——人間は関係性の中で育つ

エリクソンの心理・社会的発達論は，社会の中で個人がどのように成熟していくか，個人と社会の関係に焦点を当てたものであったが，実際の生活で両者のあいだを媒介しているのは，個人を取り巻く周囲の他者との関係性である。たとえば，子ども（育てられる者）を取り巻く親や保育者，教師といった周囲の他者（育てる者）の中には，その社会で共有されている価値観や規範が根付いており，「育てる者」はそれに基づいて子どもをある方向へ育てようとする。また，青年期に「自分は○○である」というアイデンティティの感覚が成立するためには，社会からその「○○」として承認されることが必要だが，その承認も直接的には周囲の他者から与えられるものである。このように，個人は周囲の他者を通して社会と出会い，その他者との関係性の中でその心を成熟・発展させていく。

こうした観点から，個人と周囲の他者との関係性がどのように変化していくか，その変化と呼応して個人の心がどのように成熟・発展していくかを理論化したのが，鯨岡峻が提唱する関係発達論（鯨岡, 1999, 2016）である。次に，関係発達論の考え方を概観していこう。

（1）人間に刻まれた根源的な欲望と主体性

人間の心には，大きく2つの欲求が備わっている。一つは，何よりもこの「私」が幸せに生きるために，「私」の思いや願いを貫いていこうとする自己充実欲求，もう一つは，他者とのつながりを求め，他者とともに「私たち」としてあることを希求する繋合欲求である。

周囲の他者から自己充実欲求をもつ存在として尊重され，その欲求が実現されるという体験を積み重ねると，人間には「自分はありのままの自分でいい」という根本的な自信・自己肯定感とともに，他の誰とも異なる一個の

「私」として，「私はこう思う」という自分なりの思いをもち，「私はこうし
たい」ということに意欲的に取り組んでいこうとする心の動きが生じてくる。
こうした心の動きを「私は私」の心と呼ぶ。また，周囲の他者から繋合欲求
を持つ存在として認められ，周囲の他者が自分との気持ちの交流を喜んでく
れるという体験を積み重ねると，人間には「他者は自分にとって悪い存在で
はない」「きっとわかり合える」という他者への信頼感・安心感が生じ，さ
らに「気持ちを通わせたい」と願い，他者を思いやろうとする心の動きが生
じてくる。このような心の動きを「私は私たち」の心と呼ぶ。

　自己充実欲求と繋合欲求，あるいは「私は私」の心と「私は私たち」の心
は，恐らく大昔から集団生活をして生きてきた人類に根源的に刻まれた 2 つ
の欲望だと考えられる。私たちの日常生活では，「自分はこうしたいけれど，
あの人の気持ちを考えるとそれはできない……」というように，この 2 つの
欲望はしばしば葛藤するが，私たちが充実感や幸せを感じながら生きるため
には，そのどちらに傾きすぎることもなく（「私は私」に傾きすぎてわがま
まを貫き，孤立するでもなく，「私は私たち」に傾きすぎて周りにひたすら
同調し，自分を見失うでもなく），何とかバランスを取っていくしかない。
両者に折り合いをつけ，それをある程度満たしながら生活しているときに初
めて，人間は生の充実を感じ，意欲的になることができる。関係発達論では，
このように，2 つの欲望に折り合いをつけ，生き生きと生活している人間の
心のありようを主体性と呼ぶ。主体性が備わっていることは，人間が幸せを
感じられるための条件である。

　図 1-1 は，幼少期以来，主体性（「私は私」と「私は私たち」の両面）が
どのように発展してくるかを示したものである。

　乳児期，「私は私」の心の最初の萌芽は，乳児が泣いて表現する「お乳を
飲みたい」「気持ち良くなりたい」などの欲求，「～がほしい」「～したい」
という気持ちの表現として現れる。同時に乳児には，その欲求や気持ちを満
たしてくれる養育者と「一緒がうれしい」という「私は私たち」の心も生じ
てくる。この 2 つの心に丁寧に応えてくれる養育者の存在によって，乳児に
は自信・自己肯定感や他者への信頼感・安心感の基礎（エリクソンの言う基
本的信頼感）が育まれる。

　幼児初期になると，子どもは立てた，歩けたといったときに，できた自分
を誇らしく感じるようになる（自分への誇らしさ）。そして，もっと「自分
でやりたい」という気持ちを発展させていく。もちろん，それは養育者や保
育者から「認められてうれしい」という気持ちと表裏一体のものである。ま
た，2 歳前後からのいわゆる「イヤイヤ期」には，子どもはよりはっきりと
自分の思いを押し出すようになり，ときに他者と衝突するような場面も出て

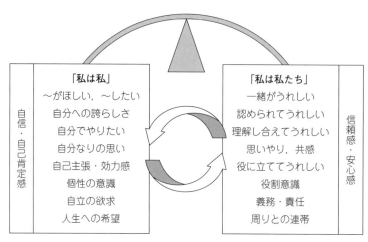

図1-1　主体性のやじろべえ

くる（自分なりの思い）。ただし，衝突するばかりではなく，他者と気持ち
が「理解し合えてうれしい」という気持ちや「思いやり」の心も芽生えてく
る。

　幼児後期には，より言葉巧みに「自己主張」をするとともに，自分の好き
なことに夢中になって取り組み，「絵をうまく描けた」「竹馬に乗れた」と
いった「効力感」を味わう。また，自分の得意分野を活かして，他者の「役
に立ててうれしい」という気持ちも膨らんでくる。小学校期には，自分の持
ち味やクラス集団の中での自分の立ち位置など，「個性の意識」が生じてく
るとともに，その個性を活かして集団の中でこういった役割を果たしていこ
うという「役割意識」もより明確なものになる。

　やがて青年期になると，自分は一人の独立した人間として生きていきたい
という「自立の欲求」や「人生への希望」が生じるとともに，そのために社
会の中で「責任」を果たし，周りの人と「連帯」して生活していこうという
感覚も生まれていく（エリクソンの言うアイデンティティの感覚）。

　このように「私は私」と「私は私たち」の心は，分かちがたく絡み合いな
がら，次第に豊かで複雑なものへと発展していく。そして，青年期以降も，
たとえば「自分の仕事のやり方と同僚のそれとをどう折り合わせていくの
か」「仕事と家庭生活・子育てのバランスをいかに取るのか」「かけがえのな
い人生を生きた一人として，周りの人の中でいかに死んでいくのか」といっ
た人生の各ステージにおけるさまざまなテーマとして，「私は私」と「私は
私たち」の折り合いをどうつけるかということが問題になってくる。そうい
う意味で，主体性の発展過程は，人格の成熟過程そのものだといえる。

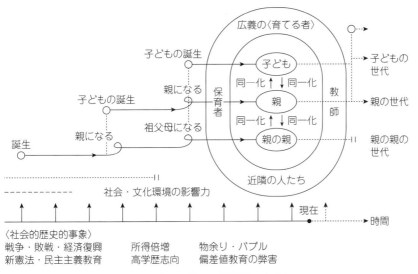

図1-2　育てる営みの世代間リサイクル

出典：鯨岡（2016）.

（2）育てる営みの世代間リサイクル

　人間の主体性が育ち，成熟していく過程は，周囲の他者との関係性が徐々に変化していく過程である。人間のライフサイクルという大きな視点から見ると，その関係性の変化として，「養われる者から（自己を，他者を）養う者へ」「育てられる者から育てられる者へ」「看取る者から看取られる者へ」といったいくつかの重要な節目がある。ここでは，本書の主題に深く関係する「育てられる者から育てる者へ」という転換に注目してみよう。

　図1-2は，親子3世代が絡み合いながら，育てるという営みが世代から世代へと受け継がれていく様子（育てる営みの世代間リサイクル）を示したものである。3本の線のそれぞれは，一人の人間が誕生し，成長し，やがて子どもを産み，親になるということを表現している。親となった時点で線が1回転しているのは，それまでの「自分中心」だった生活スタイルや態度が180度転換し，「子ども中心」のそれへと変化するという大きな生活・人格上の変化（コペルニクス的転回）が起こるからである。このように，かつての「育てられる者」が「育てる者」となっていくというプロセスが，代々繰り返されていくわけである。

　ここで重要なのは，「育てられる者」と「育てる者」はお互いに映し合う関係（同一化を向け合う関係）にあるということである（図中の円）。たとえば，親が我が子を愛おしく思ってかわいがったり，これは許せないと思って叱ったりするその仕方には，しばしばかつて自分の親（今や祖父母になった世代）から自分がそのようにされたという経験が影響している。親は目の

11

前の我が子にかつての自分自身を重ね（同一化し），「自分も幼い頃はこうだったな」と思って愛おしく思ったり，「自分はこうではなかった」と許せなく思ったりする。そして，実はそれはまさに自分の親が子どもの頃の自分に対して向けていたまなざしそのものであることが多い。つまり，「育てる者」となった親の中に，かつて「育てられる者」だった頃の自分自身や，かつての「育てる者」（祖父母の世代）のまなざしが深く息づいているのである。

　同じことは子どもの側にもいえる。子どもは目の前の親に，将来の自分自身の姿を重ね（同一化し），言動や考え方など多くのものを取り込んで育っていく。また，それと同時に，親が自分に対して振り向けるまなざしの中に，自分が愛に値する存在であるのか，それとも疎ましがられるような存在であるのかを見て取り，それに基づいた自己イメージを形成していく。「育てられる者」の中に，将来いかなる「育てる者」になっていくのかということの芽が，すでにいろいろな形で植え付けられているのである。

　親が我が子を愛おしいと思えば，子どもの側も自分の存在に自信をもち，親に対して「好き」という感情に溢れた肯定的なまなざしを向け返すだろう。その子どもの姿やまなざしに，親の側も「自分は親としてうまくやれている」「これで良いのだ」という自信や，何としても子どもを守っていくという責任感を深めていくことができる。つまり，親は子育てを通じて，より成熟し，本当の意味での親になっていくのであり（エリクソンの言う「世代性」の感覚），「育てる者」は「育てられる者」から育てられているのでもある（エリクソンの言う相互性）。逆に，「育てる者」の中に，かつての「育てる者」から十分に愛されなかったとか，目の前の「育てられる者」から肯定的な映し返しをもらえないといった負の経験が蓄積されていくと，我が子の姿にも，親としての自分のありさまにも自信がもてず，ますます怒りや憎しみの感情が出やすくなってしまうといったこともある。

　このように，「育てられる者」である頃から，すでに将来の「育てる者」になるためのさまざまな成熟過程が始まっている。図1-2では，子どもが生まれたときに「コペルニクス的転回」が起こるように描かれているが，実際はこの転回（を支えるさまざまな面での成熟）は誕生直後に始まり，生涯をかけてゆっくり進んでいくのだと見ても良い。逆にいえば，親は子どもが生まれたからといって，急に一人前の親になれるわけではないということである。思うようにはいかない子どもとの生活を何とかやりくりしながら，ときに自分自身で子育ての仕方の改善・工夫を試みたり，ときに子どもの姿から教えられたりしながら，「育てる者」自身も日々育っていくことが必要なのである。子どもを育てるという営みにおいて，「育てる者」は自らの主体

性がどの程度成熟しているかを問われるとともに，子どもによって育てられていく，あるいは子どもと共に「育ち合っていく」のだといえる。

3．現代社会における子育て支援の必要性

前節で，主体性の成熟過程と，育てるという営みの世代間リサイクルについて述べたが，現代の日本社会では，これらのプロセスが円滑に進みにくくなっている。本節では，その理由として考えられることを挙げ，人間としての成熟や，子どもと親が共に「育ち合っていく」過程を支えていくために，どんなことが大切になるのかを見ていく。

（1）少子化・核家族化

ヒトという種は，何百万年も前から群れを成して生活してきた。子育ても，実の親に限らず，その集団の成員同士で手分けして行う共同育児という形態が主流であった。日本でも，近代までは 3 ～ 4 世代が同居する大家族や地域共同体で協力をしながら子育てをするという形が見られたが，明治時代以降，家や地域共同体から独立した個人という考え方（個人主義）が広まり，子どもは成人を迎えると親元を離れ，配偶者を見つけ，二人で子育てをしていくという核家族が一般的になっていった。現代社会の親たちは，基本的に子育てを自分たちの力だけでやっていかねばならないわけで，地域での共同育児に比べると，大きな負担感が生じやすくなった。昔であれば，大家族の中の誰かが子育てをしており，その姿を見た子どもが自分より幼い子どもへの接し方を見よう見まねで身に付けたり，年長児として年少児たちの面倒を見させられたりといった機会もあったのだろうが，現代の若者には，小さな子どもにこれまで一度も関わったことがないという人たちも多い。たとえば，横浜市の調査では，「初めての子どもが生まれる前に，赤ちゃんのお世話をしたことがない人」が74％に上った（横浜市，2013）。経験がないままに，インターネットや育児書をたよりに，これで本当に合っているのだろうかと不安一杯で子育てに向かうというのが，むしろ一般的なケースである。また，子育てでわからないことがあったときに子育ての「先輩」である祖父母や近所の人に尋ねることや，用事で出かけるときに親戚や近所の人に子どもの面倒を見てもらうことなども難しくなっている。

このような負担感や不安感が，結婚・出産・子育てに対する若者の躊躇につながっている側面があり，それが少子化の大きな要因となっていると考えられる。そして，少子化の結果，日常生活で子どもと触れ合う機会が減ることで，子育てに対するイメージがますます湧かなくなり，それがさらなる負

担感や不安感，子育て世代への無理解につながっていく，という悪循環がある。少子化や核家族化が，「育てられる者」から「育てる者」への世代間リサイクルを難しくしている側面があるのである。

（2）「私は私」に傾いた社会

現代は，自分の好きなことをし，「思い通り」の人生を送るという自己実現に価値が置かれる時代である。もちろん，自己実現を目指すことは悪いことではないが，それが「自分が幸せになるために何をし，何を手に入れるか」というばかりの発想，「私は私」の心の肥大化につながってしまうと問題が生じやすい。真の自己実現（生き生きとした幸せな生活）は，「私は私」と「私は私たち」のバランスをとることによって初めて成り立つものであり，特に結婚や子育ては，ある種の自己犠牲や妥協を必ず伴うからである。

たとえば，一個の生命が誕生し，自分とは別個の人間として育っていく過程には，自分の「思い通り」にはならない側面，自分の力ではどうにもならない側面というのがどうしてもつきまとう。まさにそうした「自分中心」の態度から「子ども中心」の生活スタイルへと一変するということ，そしてそれを引き受け，そこに積極的な喜びを見出していくということこそが先に述べたコペルニクス的転回の中身であるが，「私は私」に傾いた多くの若者にとって，この転回はかなり難しいものとして感じられることが多い。大変な責任を背負いながら子育てに悪戦苦闘するよりは，結婚や子どもなどに縛られず，自由を謳歌したいという人，自分のやり方について他者からああだこうだ言われることに慣れていない，傷つきやすい人が増えている。そんな時代に育ってきた子育て世代の感覚とは，自分の子育ての仕方に自信はもてない，不安で一杯だ，だけど人から「それは違う」などと言われて指導されるのは苦手だ，といったものなのだと考えられる。

（3）主体性の成熟を支える支援

「育てられる者」から「育てる者」へという世代間リサイクルが難しくなるとともに，「私は私」と「私は私たち」のバランスのとれた主体性が十分に育まれていない保護者が増えているのが，現代社会である。そのような保護者の子育てを，いかに支援していったら良いだろうか。

このことを考えるためには，まず，人間の主体性がどのように成熟してくるのかについての議論（第2節）を思い起こす必要がある。主体性は，個人の内部で独りでに発展するものではなく，そこに周囲の他者の関わりが不可欠であった。すなわち，周囲の他者から自己充実欲求あるいは「私は私」の思いをもつ存在として尊重され，受け止められることで，自信・自己肯定感

が生じてきて，それが「私はこうしたい」という意欲につながるのだった。また，周囲の他者から繋合欲求をもつ存在として認められ，「私は私たち」として気持ちを通わせ合う体験が，他者への信頼感・安心感を生じさせ，それがさらに他者とのつながりを求めようとする気持ちの動きへとつながるのだった。

　こうしたことを踏まえると，子育て支援の第一歩は，まずは保護者が今どんな状況に置かれているのか，その中で保護者がどんな苦労や困り感を抱えているのかを引き出し，「それは大変だね」「でも，そんな中で，よくやっているじゃない」などと受け止めていくことである。その保護者なりの「私は私」の思いを引き出し，そこに共感していくことで，「子育てはなかなか難しいけれど，少なくとも自分は頑張っているのだ」という自己肯定感や安心感が生まれ，支援者を信頼し，支援者の言うことに耳を傾ける心のゆとりが生まれてくる。それによって，家族や地域の誰からも助けてもらえないといった孤独感が和らいだり，かつて自分の親から十分な愛情をかけて育ててもらえなかったことが，今の自分の困り感につながっていることに気付いたりできるということがある。さらに，そうした関わりを積み重ね，支援者と保護者とのあいだに一定の信頼関係ができてくると，「子どもに対してこんな関わり方をしてみたら？」といったアドバイスも受け入れてもらいやすくなるし，保護者自身がこれまでの自分のあり方を見直し，より成熟したあり方へと一歩進み出すということもある。子育て支援とは，子育てのノウハウを知らない保護者にそれを教えるというよりは，保護者と深い気持ちの交流をしながら，保護者が子どもと共に育ち合っていくプロセスに，一緒に伴奏していくことなのである。

　以上の議論をまとめておこう。山縣（2016）は，子育て支援のいくつかの側面を整理して，図1-3を提出している。

　第一に，子育て支援には何よりも「子ども」が主体性を備えた一人の人間として「育つ」ための支援が含まれる（左の円）。

　第二に，これが実現するために，子育ての主たる担い手である「親」が，主体性を備えた人間としてさらに「育つ」ことが必要である（右の円）。子どもと同様に保護者もまた，親としての役割，家族の中での役割を引き受けながら，一人の人間としていかに成熟し視野を広げていくかという「世代性対停滞」の危機を通過している。そのような一人の人間としての成熟を支えていくことも，重要な支援の一部となる。

　第三に，子どもと親が毎日の心の交流を楽しみ，大変な中でも前を向いて生活を営んでいけるよう，「親子関係」を支援していくことも重要である（中央の円）。それは，「育てる」という営みを通して親子が共に「育ち合っ

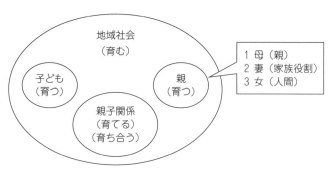

図1-3　地域子育て支援のターゲット

出典：山縣（2016）.

ていく」関係がつくられるよう，サポートすることである。逆に言えば，そのような親子関係があって初めて，子どもも親も徐々に一人の人間として成熟していくことができるのである。

　第四に，親子が暮らす地域社会が，子どもを育て，親を育て，親子関係を支えるようなものになっていくように，地域社会を育成する視点も不可欠である（上の３つを包む大きな円）。子どもの育ちには，第一次社会化の場としての家庭，第二次社会化の場としての地域，第三次社会化の場としての専門資源（保育所，幼稚園，認定こども園，学校等）のいずれもが大切な意味を持つが，そのような社会化の場をきちんと形成・育成していくことが必要である。第２節で，個人と社会のあいだを媒介するのが周囲の他者との関係性であると述べたが，子どもと親の関係性が社会に開かれていて初めて，人間の健康な育ち・成熟が可能になっていくのである。

演習問題

1．エリクソンのライフサイクル論の各時期（特に乳児期から若い成人期まで）に，自分がどのような体験をしてきたか，それが自分のパーソナリティにどんな影響を与えているかを考えてみよう。

2．現代社会において，なぜ子育てが難しくなっているのか，その理由をいろいろ挙げてみよう。

3．子育て支援において最も大切な姿勢とはどんなものであり，またそれがなぜ大切なのかを説明してみよう。

引用・参考文献

Erikson, E. H. (1950) *Childhood and society*.（仁科弥生訳（1977）『幼児期と社会（Ⅰ，Ⅱ）』みすず書房.）

Erikson, E. H. (1959) *Identity and the life cycle.* 西平直・中島由恵訳（2011）『アイデンティティとライフサイクル』誠信書房.

鯨岡峻（1999）『関係発達論の構築』ミネルヴァ書房.

鯨岡峻（2016）『関係の中で人は生きる——「接面」の人間学に向けて』ミネルヴァ書房.

山縣文治（2016）『子ども家庭福祉論（第 2 版）』ミネルヴァ書房.

横浜市（2013）『横浜市子ども・子育て支援事業計画の策定に向けた利用ニーズ把握のための調査　結果報告書』横浜市ウェブサイト（2020.3.31. 閲覧）
http://archive.city.yokohama.lg.jp/kodomo/shien-new/data/needs/needs-all.pdf

（大倉得史）

第2章　乳幼児期の子どもの発達と家庭

　ヒトの赤ちゃんは，まだ一人では生存できない，生物としては未完成ともいえる状態で生まれてくるが，短期間でめざましく発達し，幼児期の終わりには，ことばを使い，仲間と協力し合いながら自分の意志で世界と自律的に関わる存在にまで成長する。本章では，その過程を認知発達と社会的発達の側面から概観し，それらが互いに支え合いながら展開していくヒト特有の発達の姿を理解するとともに，それを支える養育者や家庭の役割について考える。

1．乳児期のめざましい成長とそれを支えるしくみ

（1）世界との関わりの始まり

① 誕生直後から始まる世界との知的な関わり

　ヒトの赤ちゃんは，誕生時には感覚器官がすでに一定のレベルにまで成熟しており，生後すぐの時期から，簡単なパターンを見分けたり，母親の声を他の女性の声と聞き分けたり，あるいは話しことばをそうでない人工音と聞き分けたりすることができる。また，対象を知覚する際に，視覚や聴覚などの異なる感覚を協応させて，まとまりをもつ一つの存在としてその対象を認識していることもわかっている（感覚間協応）。

　世界を知覚するこのような能力に支えられて，赤ちゃんは，生後すぐの時期から，自分を取り巻く世界に積極的に関心を向け，情報を取り込んでいく。また，赤ちゃんは，こうすればこうなる，という自分の動作とそれが引き起こす事象との随伴関係についても，単純化すれば生後数ヶ月からその理解が可能である。世界の仕組みについて知的に把握する力がすでに備わっているということであり，まだまだ寝てばかりに見える生後すぐの時期から，赤

赤ちゃんが見ている世界

　新生児の視力は0.02程度といわれ，大人であれば極度の近視の状態である。ピントの調整がまだ十分でなく視野に入るものは全体にぼやけて見えるが，21〜24 cm前後の距離であれば比較的ピントが合いやすく，対象を視覚的に認知することが十分可能である。この21〜24 cmという距離は，ちょうど，赤ちゃんを抱っこした時に大人の顔がある距離にあたる。

ちゃんの中では，世界から情報を取り入れ，世界の仕組みを探る知的な活動が，すでに始まっているのである。

② 運動機能の発達と世界との関わりの拡がり

　一方，運動機能という点では，ヒトの新生児は自分の意志ではまだ動くことができない状態で生まれてくる。誕生直後に見られるのは反射からくる動きがほとんどで，自分の意志で身体を動かす随意運動は，その後，関連する神経機構の成熟や筋の発達に伴って徐々に発達してくる。随意運動の発達には一定の方向性があり，頭部から尾部へ，体幹から周辺（四肢）へ，身体全体による大きな動き（粗大運動）から手指による微細な動き（微細運動）へと運動機能は拡大されていく。

　運動機能の発達は，子どもが対象に仕掛けることのできる操作の内容を大きく変容させ，関わることのできる空間を拡大させる。

　2ヶ月頃に手でものを持てるようになることは，目と手の協応により，それまでは視覚的にしかとらえることのできなかった対象に，身体を介して自らが意図するように働きかけることを可能にする。

　3ヶ月頃から見られる首すわりは，興味をひかれた対象への注視をより安定させる。5～6ヶ月頃に支座位が可能になることは，大人と同じように水平方向へ視線を送ることを可能にし，また自由になった両手を協応させて対象を自らが意図するように操作することを可能にする。

　6～7ヶ月頃に始まってくる寝返り，それに続く伝い歩き，一人歩きは，子どもが関わり探索できる空間をさらに飛躍的に拡大させる。そのことにより，子どもは，「意図するところに自分で動く」行為の主体者としての感覚をそれまで以上にはっきりと感じていくことになる。この感覚がこのあとの幼児期へと引き継がれ，自我の形成や，自己効力感・有能感の形成へとつながっていく。

③ 認知発達の基盤としての感覚運動的知能の獲得

　このように，子どもは，誕生直後から世界を知覚し始め，発達してくる運動機能を介して周りの世界との能動的な関わりを深めていく。感覚と運動を介して周りの世界と関わっていくこの時期を，ピアジェは感覚運動期と呼び，この時期に形成される感覚運動的知能がその後の認知発達の起源となると考えた。ピアジェによると，この時期，子どもは身体の感覚や運動を介して繰り返し対象と関わり，それが繰り返される中で，対象のとらえ方を徐々に豊かにし，相互間を関連づけ内面化させていくという。そしてそれを基盤として，1歳6ヶ月～2歳頃になると，子どもの中にイメージという表象が誕生

してくる。表象とは，現実の世界にある対象や事象を頭の中に再現するものことで，イメージやその後発達してくることば，記号などがこれにあたる。この時期にイメージという表象を使えることになることで，子どもは，その場に存在せず，感覚運動的に直接関わることができない対象についても頭の中に思い浮かべることができるようになり，それについて考えることができるようになる。表象に基づく思考の始まりであり，このあと，子どもの認知発達は飛躍的に進んでいくことになる。

④　認知発達を支える生得的な仕組み

　一方，近年では，ピアジェが考えているよりも早い時期から，子どもは多くのことが可能であるのではないかという議論も多く行われている。注意の向け方を手がかりに調べると，子どもは事象の物理的特性についてかなり早期から理解しており，例えば対象の永続性については3ヶ月半頃からの理解が報告されている。数の加減操作や利他的な行動への志向性といった事柄についても，その原初的な側面は6ヶ月頃から理解されているという報告がある。このように一定の事象について早期からの理解が可能であるということから，ヒトは，生存に直結しその後のヒトとしての発達の中核となる知識（中核知識）を他より優先してより早期に獲得するための仕組みを，おそらくは生得的に備えているのではないかという仮説がたてられることとなった（落合，2016）。生物としての進化や適応との関連で議論されることが，発達研究においても近年盛んに行われるようになってきた。

（2）他者とのつながりの中で育つ

①　他者とのつながりを引き出す生得的なしくみ

　すでに触れたように，ヒトの新生児は優れた知覚能力を備えて生まれてくるが，その一方で，運動機能や消化機能，体温の調節機能などはまだ未完成である。そのため，新生児の生命が維持されるためには養育者による手厚いケアが必要となるが，そのような養育行動を周りの大人から引き出すために有効な特性を，新生児はいくつも身に付けて生まれてくる。

　たとえば，赤ちゃんは一般的に頭が大きく顔つきは丸い。手足などの体つきも丸く，動きもぎこちない。子ども特有に見られるこのような姿は幼児図式と呼ばれており，ヒト以外の動物にも広く認められる。大人からの攻撃を防ぎ養育行動を引き出す働きをもつといわれており，ヒトにおいてもこのような姿をもつ赤ちゃんを大人はかわいいと感じ，養育行動が引き出されることになる。

　これに加えて，ヒトの赤ちゃんは，生後の早い時期からヒトに関連する刺

激に他よりも注意を向ける傾向をもっている。視覚的には人の顔のようなパターンをより好んで見るし，聴覚的にも，他の音よりも人の話しことばにより注意を向け，言語音では異なる子音を聞き分けることもできる。目の前の大人が舌や口を動かすとあたかもそれに共鳴するかのように同じ動きをする新生児模倣の現象も知られている。つまり，赤ちゃんは，身の回りのどのような刺激よりも人の顔に選択的に注意を向け，人のことばに耳を傾け，人と共鳴し同調する存在として生まれてくるのである。

② 二者間でのやりとりの形成

　こうして生まれてきた赤ちゃんは，大人に抱っこされるとその顔をじっと見つめる。かけてくれることばに耳をすまし，大人の表情や動作に共鳴するように身体を動かし，声を出す。一方，赤ちゃんのこのような行動は，赤ちゃんが何らかの意思をもち，自分の働きかけに反応して何かを伝えたがっているような感覚を大人に生じさせる。そこで大人は，これに応えようと，さらに赤ちゃんに声をかけ身体に働きかけていく。このように働きかけるとき，一般的に，大人の表情は無意識のうちに大げさになり，声のピッチは高くなり，ことばのイントネーションは誇張される。赤ちゃんに向けられるこのような特徴的な話しかけ方はマザリーズと呼ばれ，これが赤ちゃんの注意をさらに引きつけて，二者間でのやりとりは一層盛りあがっていく。

　このように子どもの側と大人の側の双方に備わった特性が歯車のようにかみ合うことで，子どもと大人の間には，互いが引きつけ合い共鳴し合う，情動を伴った交流関係が生後の早い段階から立ち上がる。そしてその交流のなかで，大人は，無意識のうちに子どもの動きや情動表現に自らの動作や情動表現を合わせていき，自らの働きかけのリズムのなかに子どものリズムを巻き込んでいく（調律行動）。また，二者がそのように同調的に作用し合ううちに，子どもと大人の間には，相手が次に起こすアクションを相互に予測し合い，それに合わせて自分のアクションを調整しようとする，順番（交替）構造が立ちあらわれてくる。交互に情報を伝え合うコミュニケーション構造の芽生えであり，やがてこれにことばが載ってくると，対話の発生となる。ことばによるコミュニケーションが，それ以前に培われた非言語的コミュニケーションの延長線上に築かれていくことになる。

　さて，このように出現してくる二者間の相互作用のパターンは，もともとそのペア由来のものであるが，二者間でのやりとりがさらに重ねられていく中で，それは，ますますそのペア固有のものとなっていく。これに伴い，子どもは，自分が求める心地よい交流を実現してくれる特別な存在としてその大人を他から区別し，自らの行動もその大人に向けてより選択的に行ってい

> **ミラーリング（映し出し）**
>
> 　赤ちゃんが泣いたり身体を動かしたりすると，大人はそれが赤ちゃんの感情や欲求によるものと感じ，大人が感じとったその感情や欲求を赤ちゃんが感じているという，いわば思い込みのもとに，話しかけたり関わったりする。実際には，発達初期の赤ちゃんは自分でまだそのように感じているわけではなく，大人によって映し出された感情や意図を，あたかも鏡を見るように自分のものとしてとらえ，それが今自分が感じている感情や欲求であることに気づいていく。自分の感情を認識することも，このような大人の働きかけを通して可能になっていく。

くようになる。これにより，子どもとその大人との関わりはさらに親密になり，情動的な結びつきも一層強まっていく。一方，これとは逆に，そのような関係の結ばれていない他者に対しては，人見知りが始まってくる。

③ 愛着の形成と内的作業モデル

　このようにして，子どもとその子どもにとっての特別な大人である養育者との間には強い情動的な絆が形作られてくる。そして，8ヶ月頃になると，子どもはそのような絆をもつ養育者と常に近接していたいという思いを強くもつようになる。

　情動的な絆で結ばれた特定の他者との近接を維持しようとするこのような心的傾向を，ボウルビィは愛着（アタッチメント）と呼んだ。そして，その愛着関係により自分は守られているという主観的な確信をもつことがヒトの発達を支える基盤として重要な機能を果たすと考えた。

　一旦愛着が形成されると，愛着関係にある養育者から引き離された子どもは不安になり（分離不安），近接関係を取り戻して安心感を回復させようとする。この愛着行動は，幼少時には，しがみつきや後追いのように身体的接触や物理的な近接を求める行動として表れるが，成長に伴って，愛着対象との関係についてのイメージやそれに伴う主観的確信は内面化され，物理的に接近していなくても子どもは次第に安心していられるようになる。

　このように，愛着対象との関係やそれに伴う主観的確信が内面化されたものを，ボウルビィは内的作業モデルと呼び，子どもはそれに基づいて愛着対象との相互作用を行っていくと考えた。また，ボウルビィは，子どもが，その後，他者と関わっていく際にもこの内的作業モデルが一種のテンプレートのように働いて，そのパターンが生涯にわたってその子どもの対人関係の持ち方に適用されていくと述べている。

　愛着によって安全基地を得た子どもは，今度はひとりで意欲的に世界に向

基本的信頼感

　発達の基盤となる安心感の形成についてボウルビィは「愛着」の概念との関連でとらえたが，エリクソンは，「基本的信頼感」という概念でこれをとらえている。エリクソンによると，養育者により自分の欲しいものが自分の求めるときに与えられるとき，子どもは，「自分を取り巻く世界は自分の要求を満たしてくれる」という世界に対する信頼感を感じると同時に，「自分はそのように対応してもらうだけの価値のある存在である」という自分自身に対する信頼感も感じとる。このように，養育者の適切な関わりを通して子どもの中に形作られる，自分を取りまく世界と自分自身についての根源的な信頼感のことをエリクソンは「基本的信頼感」とよび，その獲得を人生最初の１年間（乳児期）の発達課題とした（第１章参照）。

かって動き出す。また，この愛着関係において養育者との間に共感が豊かに交わされる中で，子どもは自らの中にある感情についても一層はっきりと意識化していく。このように，愛着を基盤とすることで，子どもはさらなる発達に向かっていくのである。

④　共同注意の獲得と三項関係の成立

　さて，この時期までに作り上げられてきた子どもと養育者との関係は，二者が互いに向かい合い響き合う関係（二項関係）で，二者間の区分はまだ明確でなく，二者は，いわば溶け合った状態であった。また，「もの」（対象）と関わるときには，養育者と「もの」，子どもと「もの」，のように，それぞれが別個に「もの」との関係を作っていた。ところが，９ヶ月を過ぎる頃になると，二者の間に「もの」が介在する，第三者を含んだ三項関係が成立してくる（図２-１）。第三者としての「もの」に向けられる意図や関心，感情といったものを，子どもと養育者が相互に感じ取り共有するようになる（共同注意）。

　この三項関係の中で，子どもは，養育者がそのような意図や関心，感情をもつ主体であり，同時に，自分自身もそのような心的内容をもつ主体であることに気づいていく。またその気づきは同時に，養育者と自分はそれぞれが個別の心的内容をもつ別の主体であり，異なる存在であることについての気づきを促していく。

　こうして形成された三項関係の中で，子どもは，他者の視線を追従したり（視線追従），判断に迷ったときに他者の表情を参照して行動を決めたり（社会的参照），他者の行動をなぞる（模倣）ことを盛んに行っていく。これらは，養育者の解釈や行動様式を自分のものとして取り入れようとする行動で

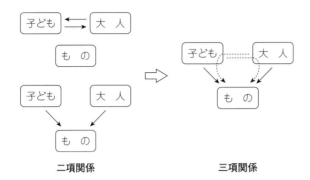

図2-1　二項関係から三項関係へ

出典：岩田（1998）（一部改変）．

あり，その意味で，三項関係は，養育者を介して子どもが文化を取り入れていく文化学習の場を提供しているということができる。

　さらに，この三項関係において他者と対象を共有しようとする志向性は，やがて指さしの形で表現されるようになり，その後ことばへと置き換えられていく。ことばの獲得もまた，この三項関係の成立が基盤となることで達成されていくのである。

　このように，共同注意の出現は子どものその後の発達を促す革命的な変化をもたらすことから，9ヶ月児の革命と呼ばれることもある（Tomasello, 2008）。

（3）乳児期における養育者や家庭の役割

　ヒトの赤ちゃんは運動機能や生理的機能は未完成な状態で誕生し，生後1年半ほどの間に，生存やその後のヒトとしての成長の基盤となる脳や身体の機能を急速に発達させる。そのような身体的・生理的発達に必要な食生活，衛生，適度に刺激のある環境など，健全な生活環境を整え保障していくことが，この時期の養育者やそれを含む家庭の基本的な機能としてまず求められることはいうまでもない。

　一方で，ヒトの赤ちゃんは極めて知的な存在として誕生し，養育者との間に立ち上げられ継続的に発展していく交流関係の中で，成長に必要な機能を次々と身に付けていく。子どもの発達を引き出す場となるそのような温かい交流関係を実際に作り上げ，安全基地となり，また三項関係のなかで対象に働きかける遊びをたっぷりと楽しむなど，次の発達へとつながっていくやりとりや遊びを豊かに積み重ねていくことが，この時期の子どもを育てる養育者や家庭にとってはとりわけ重要な役割として求められる。

　すでに触れたように，乳児期においてこのような交流関係を作り上げるとき，初期にそれを立ち上げる際には，大人の側も自分の中にある「くっつき

たい」というジョイントネスの感覚に身をゆだねて，子どもの思いを読み解き率先して欲求を満たしていくことが基本になる。しかしながら，それが基本となるのは愛着形成に至る乳児期前半の時期までであって，愛着が形成されてくる乳児期後半の時期に入ってくると，養育者はその働きかけ方を少し変えて，子どもが必要とするときにだけくっつける「情緒的利用可能性」を提供するかたちへと移行していくことが大切である（遠藤，2017）。

　子どもの欲求を敏感に察知することは基本的に重要ではあるが，先回りしてこれに応答することを続けていると，子ども自身が主体的に自分の欲求を意識化し自律的に世界を探索し他者に働きかけていくという，次に育てたい力が育たない。乳児期後半に入り，子どもが自分の意志で世界への関わりをしかけ始める頃になると，養育者は，子どもの様子を常に気にかけながらもどっしりと構えて，少し離れたところから子どもを見守り，子どもが求めてきたときにだけ情緒的安定を供給する関わり方へと移行していくことが大切になる（遠藤，2017）。

　一方，養育者がこのような関わり方を保つためには，養育者自身が心身共に安定し，余裕をもって子どもと関われる環境に置かれていることが大前提である。そのために，乳児期にはとりわけ負担が集中しがちな中心的役割を果たす養育者を家族全体で支えていくこともまた，この時期の家庭に求められる重要な機能といえる。愛着についても，近年では，特定の養育者（たとえば母親）との間にだけ限定して形成されるのではなく，身近にいて親密な交流関係をもつ他者（父親や祖母，家庭外でも保育士など）との間にも，形成されうるということが報告されている。家庭において，主として養育を担う大人以外のメンバーもそれぞれが子どもと積極的に関わり，豊かな交流関係を形成していくことは，子どもにより幅広い成長の場を提供することになり，また「安全基地」が，いわば補強されることにもつながるだろう。乳児期の子どもを育てる家庭に求められる重要な機能といえよう。

２．幼児期における世界との関わりの深まりと自己の社会化

（１）「今，ここ」を超えた思考の世界へ
① 表象による思考の始まり
　すでに触れたように，1歳半〜2歳頃になると，子どもは目の前にない対象であってもイメージ（表象）によって頭の中に思い浮かべ，それについて考えることが可能になる。「今，ここ」の世界を超えた思考が可能になるということであり，このことに認知発達上の大きな意義を認めたピアジェは，この時期以降を表象的思考段階と位置づけている。ただ，この時期はまだそ

ごっこ遊び

　ごっこ遊びは，たとえば自分が見たおうちの人の料理する姿を時間がたってから模倣するという，「延滞模倣」を含んだ遊びである。延滞模倣が行われるためには，おうちの人の姿を見たときにそれを頭の中にイメージとして表象し，時間をおいてからそのイメージを使ってその姿を再現することが必要で，そこには表象を操作することが含まれている。

の入り口にすぎず，現実からくる制約から解き放たれた真の論理的思考は，表象的思考が始まる「前操作的段階」（2歳頃から7〜8歳頃まで）から，それに続く「具体的操作段階」（6〜7歳頃から11〜12歳頃まで）を経て，それが最終的に達成される「形式的操作段階」（11〜12歳頃から）までの長い道のりのなかで，徐々に達成されていくとピアジェは考える。

　その入り口であるこの「前操作的段階」について，ピアジェは，4歳頃を境に思考の特徴が変容することから，2歳から4歳頃までの「前概念的思考段階」と，4歳頃から6〜7歳頃までの「直観的思考段階」に分けてとらえている。本項では，その区分に沿って，4歳までの時期と4歳以降の時期に分けて幼児期の認知発達の過程をたどっていく。

② イメージとことばの世界へ（2歳頃から4歳頃）
1　象徴機能の獲得
　表象を思い浮かべるということは，現実世界にある対象や事象を，イメージ，ことば，記号といった，別のものに置き換えて心的に表現するということであり，それは，「意味するもの」（表象）で「意味されるもの」（現実世界にある対象や事象）を表すという象徴機能の働きに支えられている。
　感覚運動期の終わりに象徴機能を手に入れた子どもは，何かを何かで見たてたり，何かのつもりになって遊ぶごっこ遊びを盛んに行うようになる。生活や遊びの中で「見たてる」ことを盛んに繰り返すことを通して，子どもは，「意味するもの」で「意味されるもの」を心的に表し，それを使って遊んだり，考えたりすることに次第に上達していく。
2　ことばの獲得
　ところで，このような表象操作の発達は，時を同じくして生起してくることばの発達と密接に関連している。乳児期に形成された三項関係が基盤となって，また，象徴機能の獲得に支えられて，1歳を過ぎる頃から子どもはことばを話し始める。1歳半〜3歳頃には語彙数が爆発的に増加し，同じく1歳半頃からは単語2語から成る二語文を話すようになる（それ以前の，単

語1語で文のように機能する発話は「一語文」と呼ばれる）。

　語彙が増えるということは，ことば（表象）で表すことのできる対象が増えるということであり，二語文が使えるということは，ことばとことばがことば（表象）のレベルで関係づけてとらえられているということである。2歳半を過ぎる頃には，大きい・小さい，重い・軽い，のように対になることばを使って物事の関係をとらえることも始まり，事象間にある関係に，より意識が向けられるようになる。3〜4歳頃になると，「どうして」「なんで」と大人を質問攻めにして，事象間にある因果関係を意欲的に探ろうとする姿も見られるようになる（第二質問期）。

　このようにして，3〜4歳頃までの間に日常的なコミュニケーションに必要な範囲のことばはほぼ獲得され，子どもは他者との関わりにおいて盛んにことばを使うようになる。自分の気持ちや意志をことばにして伝えたり，ことばにより他者に働きかけたりすることを意欲的に行うようになり，ことばを介した他者とのコミュニケーションを楽しむようになる。

　もっとも，この時期には，ことばだけで他者とコミュニケーションする力はまだ十分に育っているわけではない。話し相手となる大人が子どもの意図を状況から読み取り，足りない部分をやりとりの中で補いながら，ことばで伝えあうこと（会話）をくりかえし楽しむことを通して，子どもは，ことばによるコミュニケーションを次第にスムーズに行えるようになっていく（岡本，1985）。また，そのようなことばを使った大人とのやりとりの中で，子どもはより多くのことばを身に付け，ことば同士のより複雑な関係についても学んでいく。

3　内言の始まり

　さて，このように他者との間で盛んに用いられるようになったことばは，5〜6歳頃になると，今度は自分にも向けられるようになる。ヴィゴツキー（2001）は，コミュニケーションの手段としてそれまで他者との間で使われてきたことば（外言）がこの時期に内在化し，思考のために自分自身とコミュニケーションを行う道具（内言）として使い始められると考えた。この内言が使えるようになることで，この時期以降，子どもの思考はさらに充実していく。

③　直観的思考の発達（4歳頃から幼児期の終わりまで）

　このようにして，4歳頃までの間に，子どもの中には，イメージやことばによって世界の仕組みをとらえ，それに基づいて思考する認知機能の基盤が一定育ってくる。また，一方で，それまでに充実してきた自我の働きにより，この時期の子どもの中には，自分なりに世界を意味づけ自分の手で世界を構

子どもの認知発達のしくみ

　ピアジェによると，子どもは，新しい事象に出会うとそれをまず自分がもっている認知の枠組み（シェマ）により認識しようとする（同化）が，うまくいかない場合には矛盾がなくなるようにそれを修正しようとする（調節）。外にある事象と矛盾なく一致するように自分の認知の枠組みを変容させようとするメカニズム（均衡化）により，子どもはより高次な認知の枠組みを形成していく。

左側のように示されたときには白いおはじきと黒いおはじきの数は同じと答えるが，右側のように黒いおはじきの間隔を広げると，黒の方が数が多いと答えてしまう。

左側のように示されたときには2つの容器に入っている液体の量は同じと答えるが，幅の狭い容器に片方を移して右側のように示すと，水面の高さの高い方がたくさん入っていると答えてしまう。

図2-2　知覚的印象に惑わされる思考の例（ピアジェの保存の実験から）

築していこうとする強い意欲が育ってきている（次項参照）。これらが相まって，この時期からの子どもは，「こうしたらどうなるだろう」という知的な探索を試みて，あるいはまた「こんなふうにしたい」という意図をもって，意欲的に世界に関わりをしかけていく。そして新たに得られた知識を自分の中の表象の世界に取り込み，相互を関係づけて，世界のしくみについての自分なりの理解の体系を徐々に作り上げていく。

素朴理論

　就学前の幼児であっても，身の回りの事象のうち特定の領域については，単に断片的な知識の寄せ集めではなく，その領域内の事象間にある因果的関係を理解したり予測したりするのに用いることのできる，体系化された知識をもっていることが近年指摘されている。検証を通して確立される科学的理論のように精緻化されたり言語化されたりしたものではないが，因果的説明の枠組みとしての機能が認められることから，そのような知識のまとまりは素朴理論と呼ばれる。素朴物理学，素朴心理学，素朴生物学を中心に研究が行われ，少なくともこれらの領域においては，乳幼児期の間に素朴理論が獲得されるのではないかといわれている。

しかしながら，この時期の子どもの思考には，その論理性の面から見て，まだいくつかの点で制約が認められる。たとえば，ピアジェの保存の実験で知られるように，その時々に対象から受ける知覚的印象にまどわされて誤った判断を下してしまう（図2-2）。あるいは，自分の視点から離れることができず，異なる視点から物事をとらえることができないといった自己中心性が認められる。無生物に対しても生命や心があると考えるアニミズム的思考や，頭で考えたことや夢で見たことは実在すると考える実念論などもこの時期に特徴的にみられる思考である。事象間をより適切に関係づけることができるようになってきた子どもは，より幅広い事象を体験していく中で，自分の考えと矛盾する事象とも出合い，全体としての整合性をより高める方向に思考の枠組みを次第に変容させていく。

　一方，世界の仕組みについて体系的にとらえることが可能になってきた子どもは，自らの行動についても手段と目的の関係からより明確な見通しをもち始め，意図する目的に向かって自分の行動を組織化しようとし始める。4歳頃にはまだ，手段の過程を目的との関係で十分に体系だててとらえることが難しく，「あの時，こうしたら，こうなった」という経験の断片的なとらえだけから，思いついた方法を行き当たりばったりのように試してみることも多くみられる。しかし，そのように試行錯誤を繰り返す中で，子どもは，手段と目的との関係を次第に相対化・体系化してとらえられるようになり，活動を展開する中で，目的に合わせて自分の行動を適切に選択していくことが徐々に可能になってくる。また，そのことは同時に，自分自身の手で（まだ自分なりに，ではあるが）世界の法則を探り当て，それを使うことで世界を自分の意図するように変えられることの喜びと手応えを子どもに感じさせ，自分の手で世界を知っていこうとする意欲をさらに高めていく。

　さて，このように，手段と目的の関係を徐々に明確に意識化できるようになってきた子どもは，5～6歳頃になると，活動を始める前にそこで必要になる材料や道具をあらかじめ予想しそろえておく，あるいは，作りたいものを設計図に描いてから作り始めるといった姿を見せるようになる。プラニングの始まりであり，活動全体を俯瞰的に見通してプランを立てる，それを実行し必要があれば修正していく，といったメタ認知に基づく本格的な活動はこのあと児童期に入ってから展開していく。

（2）自己の発達と社会化

　前項でも触れたように，幼児期における子どもの発達は，認知面での発達と自己に関わる発達とが絡み合いながら展開していく。ここでは，自己の発達過程からそれを見ていこう。

① 「わたし」の誕生と自己主張の高まり

　乳児期に成立する三項関係の中で，子どもは，自分が「行為の主体者」であるのと同様に，他者もまた「行為の主体者」であることに気づき始める。そしてそのことは，それまで感じてきた「行為の主体者としての自分」に，同じく行為の主体者である他者から向かわれ対峙される，「対象としての自分」の側面があることへの気づきを引き起こす。

　このような自己の二重性への気づきも内包しながら，1歳半〜2歳頃になると，子どもは，自分という存在をより明確にとらえ出す。たとえば，子どもは鏡に映る自分の姿を自分と認識できるようになる。また，自分の名前をそれと認識し，自分の持ち物を他者の持ち物と区別できるようになる。

　このように明確になってくる「自分」への気づきは，同時に，子どもの欲求や意図を高まらせ，「自分がする！」という強い自己主張として表れてくる。2歳前後のこの時期はまた，基本的生活習慣を身に付けていく時期でもあり，これまで通り自分の思うがままに振る舞いたい子どもと，文化のなかで一定決まっている様式を身に付けさせたい大人との間には大きな葛藤が引き起こされる。この時期にはまだ周囲の状況に合わせて自分をコントロールする力が育っていないので，自分の主張が受け入れられないと子どもは激しく駄々をこねるなどして抵抗する。いわゆるイヤイヤ期，第一次反抗期の到来である。

　このような強い自己主張は養育する家族を苦慮させることになるが，他方，それはその基盤となる自己が育っていることの証でもある。それまで養育者に依存し共生してきた子どもの中に，養育者とは異なる独自な「わたし」の世界が誕生し，その「わたし」を主張し貫き通そうとすることがそのような行動として表れてきているのである（岩田，1998）。

　このような「わたし」の認識の高まりは，3歳頃になると，誇らしく，自信に満ちて世界に向かっていこうとする力強い子どもの姿として現れてくる。3歳頃には，食事や排泄，衣服の着脱などの基本的生活習慣についても，大人に手助けをしてもらいながらではあるが，おおむねその基本的な部分は「自分で」できるようになってきており，そのこともまた，自律でき自立した一人前の存在となった「わたし」を子どもに強く感じさせる。そして，この「わたし」をさらに貫き通そうとする子どもの思いが，これ以降，幼児期後半の時期に展開していく，自分なりに世界を意味づけ自分の手で世界を構築していこうとする意欲的な行動を，根底の部分で支えていくことになる。

② 自己を制御することの発達

　一方で，子どもは，自己主張を抑え，他者と折り合いをつけていくことも

次第に身に付けていく。

　これは一つには，この時期の認知面での発達により支えられている。

　2歳半〜3歳を過ぎる頃から，子どもは，2つの事象を対比して関係づけたり，そこから事象間にある簡単な時間的見通しをもったりすることが，少しずつでき始めてくる。そのことにより，「これは○○だけど，こうしたら□□になる」と気持ちを切り替えたり，「今は○○だけど，ちょっと待ったら□□になる」と少しの間待ったりすることが少しずつできるようになってくる。

　もっとも，子どもは最初から一人でこれができる訳ではない。主張したいのだという自分の切なる思いをしっかりと受け止めてもらい，またやりたいという意欲を肯定的に認めてもらいながら，そばにいる大人（養育者）が一緒に考え手助けしてくれることによって，子どもは，他者と折り合いをつけていく方法を徐々に探り出し，身につけていく。もちろん，そこには，その他者と折り合いをつけたいという強い思いが子どもの中にあることが必要で，そしてさらにいえば，その他者とは是非折り合いをつけたいと子どもに感じさせる，強い情動的な結びつきがそこにすでに存在していることが前提として求められているのである。

　また，3歳を過ぎるころまでには，多くの子どもは，家庭から，保育所や幼稚園といったより広い社会的関係に入っていく。そこで新しく出会った仲間と一緒に遊び生活を作っていきたいという意欲をもつこともまた，子どもが自分をコントロールすることを促していく。そしてここでも同様に，その過程は，子どもに寄り添ってくれる大人（保育者）により支えられている。

　一方，自分をコントロールするということは，必ずしも自分を抑えるということだけを意味してはいない。柏木（1988）は，自分をコントロールする（自己制御）という機能には，自己の意図や欲求を主張する自己主張と，周りに合わせて自分を抑える自己抑制という2つの側面が含まれていると指摘している。また，その発達について，自己主張，自己抑制ともに3歳から4歳までの間にその力が上昇するが，その後自己主張は上昇が止まり横ばいになるのに対し，自己抑制の方は6歳後半までゆるやかに上昇が続いていくと

報告している。このことは，3歳から4歳までの時期は自己主張と自己抑制がともに発達してくる時期であり，それ以降の6歳前後までの時期は自己抑制が主に発達してくる時期であることを示している。

③ 脳の成熟による抑制機能の発達

　ところで，このように4歳以降に顕在化してくる自己抑制の発達には，この時期に見られる脳の前頭前野の成熟が密接に関わっている。前頭前野はヒトの抑制機能をつかさどる脳の一部位であり，この前頭前野の働きにより，私たちは，与えられた選択肢の中から実行したいものだけを選択し，そうでないものは抑圧することができる。前頭前野の成熟はその後青年期に至るまで時間をかけて進んでいき，抑制機能もそれに伴って発達していく。

　脳の成熟によるこのような抑制機能の発達は，実は，先に述べたこの時期の子どもの認知発達上の変化も支えている。抑制機能の発達に伴い，子どもは，直感的に向けてしまう知覚的な特徴への注意を抑制し，論理的判断に必要とされる情報のみに注意を向けることが可能になってくる。このことにより，この4歳以降の幼児期後半の時期において，それまでは切り離すことが難しかった知覚的特徴から切り離して，論理的な思考を行うことが徐々に可能になっていくのである。

④ 心の理論の獲得

　また，この4歳頃には，他者の心について推測し理解する心的な機能（心の理論）も発達してくる。「誤信念課題」（図2-3）による検討が数多く行われ，概ね4歳頃から，他者が心に思い浮かべる内容と自分が思い浮かべる内容とを切り離し，他者が置かれている状況から正しくその心の内容を推測することができ始める。他者の立場に立って他者の心的内容を推測することが可能になり始めるということであり，この時期以降，子どもは，それまでしてきたように自分の意図や思いを前面に押し出そうとすることと，他者の意図や思いを推測しそれとの関係で自己の行動を抑制しようとすることとの間で，揺れ動いていくことになる。しかしそれは，同時に，他者を受け入れていくことが発達していく過程でもある。

⑤ 仲間の一員としての自分の誕生

　このように，4歳頃から，子どもは，他者の気持ちや欲求を読み取り，それを踏まえて他者との関係を作っていこうとし始める。初めのうちはまだ他者の立場に立って考えること自体が難しく，他者の気持ちを読み取ることが十分できなかったり，読み取れても自分の主張を抑制することとうまく連動

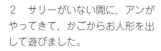

1　サリーがお人形であそんだ後，それをかごの中へしまって部屋を出ました。

2　サリーがいない間に，アンがやってきて，かごからお人形を出して遊びました。

3　アンはお人形であそんだ後，それをはこの中にしまって出ていきました。

4　サリーが，もう一度お人形であそぼうと思ってやってきました。「サリーは，お人形がどこにあると思っていますか」

図2-3　誤信念課題の例

させることができず，他者とぶつかり合うことが一時的に顕著になったりもする。しかし，この頃までに，子どもは，他者とコミュニケーションをし一緒に何かをしていくことの楽しさや充実感をすでに経験してきている。それを実現させたいという強い思いに支えられて，子どもは，徐々に，状況に応じて他者の思いや欲求を受け入れ，自己の行動を制御していけるようになる。そしてそのことは，まわりの友だちや大人と一緒に活動をさらに展開していくことを可能にし，互いにアイデアを出し合い助け合いながら，より楽しく手応えのある遊びや生活を生み出していくことにつながっていく。

　一方，そのような関わりの中で，子どもは，そこに参加している友だちが自分とは異なる思いや考えをもっていることに気づき，その友だちもまた自分と同様に意図や感情をもつ一人の主体であるということを，よりはっきりと認識するようになる。幼児期の終わり頃には，友だちと互いを認め合い，一つの目標に向かって力を合わせていこうとする姿も見られるようになり，一緒に活動する仲間の一員としての自分を強く意識し（帰属意識），仲間の役にたつことに喜びを感じるようになる。集団の一員として他者との協同を志向する自己の誕生であり，そこからまた新たに，児童期における仲間関係

や学びの世界が拓かれていく。

（3）幼児期における養育者や家庭の役割

　乳児期の間に自分が望むように動かせる身体と表象を扱う力を手に入れた子どもは，幼児期に入ると，困ったときには必ず守ってもらえるという確信に後押しをしてもらいながら，自分の足で世界に向かって歩き出す。そして，幼児期前半の４歳頃までの間に，考え，コミュニケーションするためのことばの基礎を身に付け，一定の身辺自立を果たし，自己制御の力を備え始める。そしてさらにそれらが基盤となって，４歳以降の幼児期後半の時期には，世界の仕組みについて理解する枠組みを探り，制約はあるものの一定の論理判断を行い，自己制御をさらに充実させて仲間を作り，その一員として自分を位置づけ活動するようになる。この過程は，子どもが自分の生きる文化のなかにあるさまざまな所産を大人の援助に支えられながら身につけていく文化化の過程であると同時に，自分の願いを実現したいという強い思いをもって粘り強く課題に取り組み，認知的，あるいは情動的な葛藤を試行錯誤しながら自分自身で乗り越えていく，自律的な学び手としての自分を作り上げていく過程でもある。

　このような自律的な学び手としての成長は，うまくいかなくても諦めずに繰り返しそれに取り組んでいくということを，実際に子どもが体験するなかで次第に実現されていく。学びに向かおうとする子どもを肯定的に見守り，うまくいったときには喜びを共有する。また，うまくいかなかったときにはその挫折感やいらだちを受け止めて，子どもが自らの気持ちを立て直し再び挑戦していけるように支えていく。このような「安全基地」としての機能を提供していくことが幼児期においても引き続き援助の基本となろう。

　一方，自律的な学び手となるためには，自分自身で学びを切り拓いていくことの体験もまた欠かせない。子どもが自分の意志で身の回りにある文化を探求し学んでいく体験を重ねていくことが大切で，それを援助するために，私たち大人には，子どもの欲求や今もっている力に合わせて，子どもが出合う活動を選んだり，取り組みやすいようにアレンジしたり，一緒に参加する中で取り組み方に気づくように援助したりするなど，環境を構造化していくことが求められる。この構造化は，知的な環境だけにとどまらず，「より大きな社会集団に参加する」といった社会的な環境についても同様に求められよう。自ら学びを切り拓く体験を重ね，そういう自分への手応えと自信を幼児期において身に付けておくことで，子どもは，この時期以降に展開していくより高次で複雑な学びに，自律的な学び手として主体的に参加していくことができる。

どのように構造化すれば子どもが自分の力でその活動に取り組んでいける
のか，どこまで手を添えることが必要なのか，といったふさわしい援助のあ
り方は，その子どもと一緒に繰り返しその事と関わり，時間をかけて探って
いく中で初めて見えてくる。子どもと，子どもをよく知り情緒的につながっ
た家族とが力を合わせて，目標構造が比較的明確な「生活」という文化的活
動に参加する家庭という場は，適切な援助を探りあて，その成果を互いに享
受し合える最適の場といえるのではないだろうか。

3．児童期の発達につなぐ

（1）環境移行としての小学校入学

　小学校に入学することは，子どもにとっては，成長の証であり憧れでもあ
る。しかし一方で，入学後の生活はそれまでの生活から大きく変化し，子ど
もは不安や戸惑いも感じることになる。幼児期には遊びを通してそれぞれが
自由なやり方で学ぶことが中心であったが，小学校では，決められた時間に，
決められた場所で，決められた内容を教科として学ぶことが中心となってく
る。授業や行事，集団活動の進め方といった学校固有の文化についても学ん
でいかねばならない。

　新しい環境で子どもが安心して生活できるようになるためには，かつて乳
幼児期においてもそうであったように，身近で信頼できる大人の手助けが不
可欠である。小学校においては担任教諭に主としてその役割が期待されるが，
家庭においても養育者が引き続き子どもと寄り添い一緒にそれを乗り越えて
いくことが求められる。幼児教育と小学校教育との接続については，平成29
年改訂の幼稚園教育要領，保育所保育指針，幼保連携型認定こども園教育・
保育要領においても「幼児期の終わりまでに育ってほしい10の姿」が示され，
それを小学校とも共有することで接続が図られることとなっている。子ども
が新しい学びの場に適応し，6〜7歳頃から始まる次なる成長の時期を自信
と意欲をもって迎えられるように，学校と家庭とが両輪となって子どもの環
境移行を支えていきたい。

（2）一次的ことばの世界から二次的ことばの世界へ

　ピアジェの認知発達論による「前操作期」は小学校入学前後の6〜7歳頃
まで続き，それに続く「具体的操作期」に入ると，子どもは具体的な事物を
対象とした論理的な思考が可能になり，それを徐々に充実させていく。

　児童期に入ってから始まるこのような認知発達は，この時期にさらに展開
することばの発達により大きく支えられている。岡本（1985）は，幼児期に

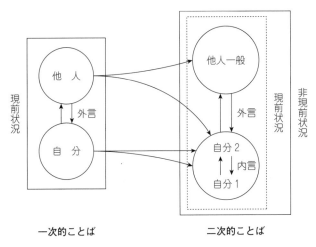

一次的ことば　　　　　　　　　　二次的ことば

図2-4　一次的ことばから二次的ことばへ

出典：岡本（1985）.

　現前の状況を共有する特定の他者との間に交わされてきたことば（一次的こ
とば）が，児童期になると，現前状況を共有していない不特定の他者（他人
一般）との間でも交わすことのできることば（二次的ことば）に変わってい
くことを指摘した（図2-4）。

　この過程では，それまで対話の相手となってきた特定の他者が子どもの中
に内面化され，もう一人の自分となって，二人の自分の間で内言が交わされ
るようになる。この二次的ことばによって，児童期以降の，現前の状況に影
響されない論理的思考の発達が展開していく。このとき，二次的ことばの形
成に向けて内面化される特定の他者とは，それまで日々子どもの話し相手と
なってきた養育者に他ならない。幼児期の間に大人が子どもの話し相手を十
分につとめ，一次的ことばを充実させておくことが，児童期において次の発
達を支えることになる二次的ことばへと子どもを導いていく貴重な基盤とな
るのである。

演習問題

1．トイレット・トレーニングのような「しつけ」をスムーズに行うためには，
　子どもにどのように働きかけるとよいだろうか。ここで学んだ内容を踏まえて，
　具体的な働きかけの仕方について考えてみよう。
2．「環境を構造化する」例を具体的に一つ考えてみよう。また，そのためには，
　子どもについてどのようなことを知っておく必要があるだろうか。合わせて考
　えてみよう。

3．養育者が子どもに適切な働きかけをしていくことを，家庭はどのようにして
　支えることができるだろうか。養育者を支えるという観点から考えてみよう。

引用・参考文献

岩田純一（1998）『〈わたし〉の世界の成り立ち』金子書房.

ヴィゴツキー，L. S.，柴田義松訳（2001）新訳版『思考と言語』新読書社.

遠藤利彦（2017）『赤ちゃんの発達とアタッチメント　乳児保育で大切にしたい
　　こと』ひとなる書房.

岡本夏木（1985）『ことばと発達』岩波書店.

落合正行（2016）「ピアジェ理論以降の認知発達理論の展開」田島信元・岩立志
　　津夫・長崎勤編『新・発達心理学ハンドブック』福村出版，57-72.

柏木惠子（1998）『幼児期における「自己」の発達』東京大学出版会.

ピアジェ，J.・イネルデ，B.，波多野完治・須賀哲夫・周郷博訳（1969）『新しい
　　児童心理学』白水社.

Tomasello, M. (2008) *Origins of Human Communication*, MIT Press.　松井智子・
　　岩田彩志訳（2013）『コミュニケーションの起源を探る』勁草書房.

（菅　眞佐子）

第3章　児童期の子どもの発達と家庭

　児童期とは，通常 6 歳から12歳頃の時期，つまり小学校の年代にあたる発達段階である。本章では，発達を段階的にとらえた代表的な理論を通じて，児童期の子どもの発達の特徴について学ぶ。また，児童期の子どもの発達において家庭生活が果たす役割について理解する。

1．代表的な発達理論における児童期

（1）ピアジェの認知発達理論における児童期

　スイスの心理学者ピアジェは，子どもの認知発達，すなわち考えたり推論したりする能力が段階を経て変化していくことを明らかにした。観点によって発達段階の分け方はいくつか存在するが，基本となる段階は以下の 4 段階である：「感覚運動期（誕生から 2 歳頃）」「前操作期（2 歳頃から 6，7 歳頃）」「具体的操作期（6，7 歳頃から11，12歳頃）」「形式的操作期（11，12歳以降）」。なお，ここに挙げた年齢区分は平均的なものであり，ある段階から次の段階へ移行する年齢は，個々の子どもの生得的な能力や文化的背景，社会経済的要因などの事情によって変動が見られる。しかし，段階の順序は不変であり，どの子どもにも共通すると考えられている。認知発達理論で児童期にあたるのは具体的操作期と形式的操作期であるが，ここでは具体的操作期の特徴について述べる。

　具体的操作期は，具体的な事物や現実的な経験に依拠した事柄に対して論理的に考えて判断できるようになる段階である。たとえば，「リンゴ 2 個とリンゴ 3 個なら全部で 5 個」といったように，具体的な数や量を扱う問題なら論理的な思考が可能である。他方，抽象的な概念や現実からかけ離れた仮定を必要とする問題，直接観察できない事柄については，論理的に思考することが難しい。

　この段階の重要な特徴として保存概念の獲得が挙げられる。図 3−1 に示した保存課題に関して，前操作期の子どもは，幅や水位の見た目の変化に惑わされて，「赤いおはじきのほうが多い」「B′ の水のほうが多い」と答えてしまう。他方，具体的操作期の子どもは，同一性（足したり減らしたりしていない），可逆性（元に戻せば，さっきと同じ高さになる），補償性（容器が細くなった分，水位が高くなった）などの理由により，どちらも同じと答え

◆数の保存課題

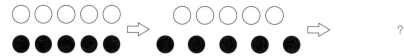

【確認】
白いおはじき（上段）と赤い
おはじき（下段）が同数であ
ることを子どもに確認させ
る。

【変換】
子どもの見ている前で，赤い
おはじきを拡げる（あるいは
詰める）。

【質問】
白いおはじきと赤いおはじき
とではどちらの数が多いか，
それとも同じ数かを尋ねる。

◆量の保存課題

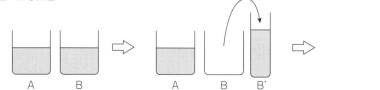

【確認】
同じ形同じ大きさの容器A，
Bに同じ高さまで水を入れ，
AとBに同量の水が入って
いることを子どもに確認させ
る。

【変換】
子どもの見ている前で，A，B
より細い（あるいは太い）容器B'
にBの水を移し換える（Aはそ
のまま）。

【質問】
AとB'にはどちらのほうが水
が多いか，それとも同じかを
尋ねる。

図3-1　ピアジェの保存課題

出典：ピアジェ（2007）より作成.

る。このように，保存概念未獲得の前操作期の子どもは数や量を直感的に見
た目で判断してしまうが，保存概念を獲得した具体的操作期の子どもは，見
た目という直感的，主観的な判断ではなく，数や量を論理的に判断すること
ができるようになる。

（2）フロイトの心理性的発達理論における児童期

　精神分析学の創始者であるオーストリアの精神科医フロイトは，性的な心
のエネルギーであるリビドーが人間のパーソナリティ形成に大きく寄与する
と考えた。彼が提唱した心理性的発達理論では，リビドーは生まれたときか
ら存在し，それが向けられる対象や身体部位が時間とともに段階的に変化す
る，というように発達をとらえた。そして，リビドーが集中的に向けられる
身体部位に基づいて，「口唇期（誕生から1歳半頃）」「肛門期（1歳頃から
3，4歳頃）」「男根期（3，4歳頃から6歳頃）」「潜伏期（6歳頃から12歳
頃）」「性器期（12歳頃以降）」の5段階に発達過程を区分した（フロイト，
2009）。

　このうち，児童期に当てはまるのは潜伏期と呼ばれる段階である。それま
で各身体部位に向けられていたリビドーは，この段階では一時的に抑圧され，

表3-1　エリクソンの心理社会的発達理論

発達段階	心理社会的危機
乳児期 （誕生〜18か月頃）	基本的信頼　対　基本的不信
幼児期初期 （18か月頃〜3歳頃）	自律性　対　恥・疑惑
遊戯期 （3歳頃〜5歳頃）	自主性　対　罪悪感
学童期 （5歳頃〜13歳頃）	勤勉性　対　劣等感
青年期 （13歳頃〜21歳頃）	同一性　対　同一性混乱
前成人期 （21歳頃〜40歳頃）	親密　対　孤立
成人期 （40歳頃〜60歳頃）	生殖性　対　停滞
老年期 （60歳頃〜死）	統合　対　絶望

出典：エリクソン・エリクソン（2001），サドック他（2016）より
作成．

次の段階まで潜伏する。小学校に通うようになったこの時期の子どもは，エネルギーを性的なこと以外，たとえば学業や友人関係の構築，社会的規範の獲得，興味や関心のあることへの取り組みなどに注ぐようになる。心理性的発達理論において，潜伏期は，子どもが社会的スキルや知的能力，コミュニケーション能力を獲得，向上するうえで重要な役割を果たすとみなされている。

（3）エリクソンの心理社会的発達理論における児童期

　アメリカで活躍した精神分析家のエリクソンは，フロイトの心理性的発達理論を社会文化的な視点からとらえ直した心理社会的発達理論を提唱した。ピアジェやフロイトの理論が青年期までの限られた期間を問題にしたのに対し，エリクソンの理論ではライフサイクル，すなわち誕生から死に至るまでの人間の一生に目を向け，8つの段階に区分して生涯発達をとらえた。そしてエリクソンは，社会や周囲の人との関係の中で経験し，乗り越えるべき課題が各発達段階に存在すると考え，これを心理社会的危機と呼んだ（表3-1）。なお，ここでいう危機（crisis）とは，乗り越えることで次の発達段階に正しく移行することができる「分岐点」あるいは「契機」を意味しており，一般的に用いられる「危ない場面」を指すものではない。

　心理社会的発達理論における児童期（学童期）の心理社会的危機は「勤勉

性 対 劣等感」である。小学校に入り，子どもは学業やスポーツなどに一生懸命取り組むようになる。そこで自らが真面目に努力し，その結果うまくいく経験や達成する喜びを積み重ねたり，他者からの肯定的評価を得たりすることで勤勉性が獲得され，自信や有能感を高めていく。この場合，子どもは次の発達段階にスムーズに移行することができる。しかし反対に，うまくいかなかった経験や他者からの否定的評価が積み重なっていくと劣等感や自己不全感を抱くことになる。児童期における勤勉性の獲得は，家庭や幼稚園，保育所での経験によって身に付く基本的信頼，自律性，自主性が基盤となっている。

（4）ハヴィガーストの発達課題における児童期

　アメリカの教育学者であるハヴィガーストは，エリクソンの心理社会的発達理論に影響を受け，発達課題という概念を考案した（ハヴィガースト，1997）。発達課題とは，人が社会において健康で幸福な成長を遂げるために，各発達段階において達成しておくべき課題のことである。各発達段階でうまく課題を達成できれば，人は幸福になり，その後の課題の達成も容易になるが，課題達成に失敗すると社会から認められず不幸になり，その後の課題の達成も困難になる。ハヴィガーストは，「幼児期・早期児童期（0歳から6歳）」「中期児童期（6歳から12歳）」「青年期（12歳から18歳）」「早期成人期（18歳から30歳）」「中年期（30歳から60歳）」「老年期（60歳以降）」の6つの年齢段階に人生を区分した。そして，発達課題を① 身体的成熟，② 社会の文化的圧力（要請・期待），③ 個人の欲求や価値観の3つの要因から生じるものと考え，それぞれの段階に対して6個から10個の具体的な課題を想定した。表3-2は幼児期・早期児童期から青年期までの発達課題をまとめたものである。

　6歳から12歳までの中期児童期に関して，ハヴィガーストは以下の3つの領域において顕著な発達が見られると述べている。すなわち，① 神経や筋肉の技能を必要とする遊びや作業を行うようになる身体的な発達，② 生活の中心が家庭から友人仲間関係へと移行する社会的な発達，③ 大人の考え方や概念，論理，コミュニケーションなどを身に付ける精神的な発達である。そして，この3つの発達をもたらすものとして9個の発達課題を挙げており，その多くが小学校における教育や生活を通じて達成される。しかしながら，ハヴィガーストの発達課題は1970年代アメリカの中流階層の人生や価値観に基づいているため，他の文化圏や現代の価値観にあてはまらないものも多い点には留意する必要がある。

　ハヴィガースト以降の発達研究を反映し，かつ日本の現実を考慮した発達

表3-2　ハヴィガーストの発達課題（幼児期から青年期）

年齢段階	発達課題
幼児期・ 早期児童期 （0歳～6歳）	1．歩行の学習 2．固形食摂取の学習 3．しゃべることの学習 4．排泄の統制の学習 5．性差および性的な慎みを学ぶ 6．社会や自然の現実を述べるために概念を形成し言語を学ぶ 7．読むことの用意をする 8．善悪の区別を学び，良心を発達させはじめる
中期児童期 （6歳～12歳）	1．通常の遊びに必要な身体的技能を学ぶ 2．成長しつつある生体としての自分に対する健全な態度を身につける 3．同年代の者とやっていくことを学ぶ 4．男女それぞれにふさわしい社会的役割を学ぶ 5．読み書きと計算の基礎的技能を発達させる 6．日常生活に必要なさまざまな概念を発達させる 7．良心，道徳心，価値尺度を発達させる 8．個人としての自立を達成する 9．社会集団や社会制度に対する態度を発達させる
青年期 （12歳～18歳）	1．同年代の男女と新しい成熟した関係を結ぶ 2．男性あるいは女性の社会的役割を身につける 3．自分の体格をうけいれ，身体を効率的に使う 4．親や他の大人たちから情緒面で自立する 5．結婚と家庭生活の準備をする 6．職業につく準備をする 7．行動の指針としての価値観や倫理体系を身につける 　　―イデオロギーを発達させる 8．社会的に責任ある行動をとりたいと思い，またそれを実行する

出典：ハヴィガースト（1997）より作成．

課題として，無藤（1995）は以下の13項目を挙げている。

① 普段の遊びに必要な身体的，運動的，また技巧的な技能を習得する。

② 基本的な読み書きができるようになる。やさしい本であれば読めるし，言いたいことを短くまとめて書くことができる。

③ 日常の生活で出会う概念について急速に学び，概念が豊かになる。

④ 科学的な考えに親しみ，簡単な科学的法則について理解する。

⑤ われわれの所属する社会における歴史や制度のあり方について，基本となる理解がある。

⑥ 具体的な材料を対象として，論理的に思考できる。

⑦ 友達関係を広げ，同年齢の集団の一員として行動できる。

⑧ 男女の社会的役割を理解するとともに，役割を固定化せずに行動できる。

⑨ 人びとのさまざまな違いについて，その内的な特徴や社会的背景などとの関連で理解できる。同時に，その個性を知って，尊重する。

⑩ 情動を統制し，さらに深めていける。他者への共感と結び付けられる。

⑪ 自己に対しての肯定的で的確な態度を形成する。勤勉に学び，生活する態度を身につける。

⑫ 道徳的な判断に関して，その原則を内化して，自律的に判断できる。個人の都合を超えて，集団や社会全体の立場から見直すことができる。

⑬ 自分なりの見通しをもって，計画的に生活できる。

　これらの発達課題は，発達過程において多くの人が達成し，乗り越えることが好ましいものである。しかしながら，この段階で達成できなくても問題ない場合（以降の人生で再度経験し，達成する機会）もあるため，発達課題を達成するかどうかを重視するのではなく，個々の子どもの個性的な特徴をより鮮明に理解するための典型として活用することが望ましいと述べられている。

2．児童期の特徴の諸相

（1）記憶の発達

　年少の子どもの記憶より年長の子どもの記憶のほうが優れていることは広く知られている。こうした発達の違いにはどのような要因が関係しているのだろうか。シーグラー（1992）は，記憶の発達に寄与するもの（発達の源泉）として基本的能力，方略，メタ記憶，内容的知識の4つを挙げ，それぞれが記憶の発達に与える影響について年齢段階ごとにまとめた（表3-3）。

　基本的能力とは，再認や連合などの技能，感覚記憶や短期記憶の絶対的容量や処理スピードを指す。記憶の基本的能力は乳児でさえもっており，遅くとも就学前の時期までには，大人とほぼ同じレベルに達する。ただし，処理スピードに関しては，高レベルではあるが大人のレベルには達しておらず，児童期や青年期を通じて向上する。

　方略とは，記憶を助けるための方法である。代表的なものとして，リハーサル（何度も繰り返すことで記憶する）や体制化（まとめたり，分類したり，整理しながら体系的に記憶する），精緻化（既有知識やイメージなどの関連情報を付加して記憶する）などが挙げられる。5歳までの子どもは記憶をする際に方略をほとんど用いないが，5歳を過ぎるとリハーサルや体制化といった方略を使うようになる。方略を使用する頻度や方略の質，場面に合わせて方略を調整できる柔軟性は，児童期後期から青年期にかけて発達する。

　メタ記憶とは，自己の記憶についての知識，および記憶方略や場面のモニタリングや調整を包括した概念である。記憶に関する知識は，就学前の段階

表3-3　発達の時期ごとの記憶の四側面の寄与の仕方

発達の源泉	年　齢		
	誕生～5歳	5歳～10歳	10歳～成人
基本的能力	連合，般化，再認など，多くの能力が存在する。遅くとも5歳までには，感覚貯蔵と短期記憶の絶対値は大人のレベルに達する。	処理のスピードが速くなる。	処理のスピードがさらに速くなる。
方　略	方略使用の証拠はほとんどない。	リハーサル，体制化など，多くの方略の獲得。	精緻化の使用の増加，すべての方略の質的な改善が続く。
メタ記憶	記憶についての事実的な知識はほとんどない。進行中の過程のモニタリングはいくらかある。	記憶についての事実的な知識の増加。進行中の過程のモニタリングの改善。	記憶についての事実的な知識とモニタリングと調整の改善が続く。事実的な知識が記憶過程に与える影響が大きくなる。
内容的知識	内容的な知識が着実に増大し，それによって知識を持っている領域での記憶が容易になる。	内容的な知識が着実に増大し，それによって知識を持っている領域での記憶が容易になる。また，新しい方略の学習も促される。	5歳から10歳までの発達の延長。

出典：シーグラー（1992）より作成．

ではほとんどもっておらず，年齢と共に，特に児童期後期から青年期にかけて増加していく。一方，記憶活動のモニタリングと調整については，就学前の段階でも多少はできるようになっており，それによって，発話の間違いを訂正したり，忘れていることでも後で思い出せるだろうと予測したりできる。メタ記憶は生涯を通して発達し続ける。年少児よりも年長児の記憶が優れているのも，自分自身の記憶に関する理解が深まれば深まるほど，場面のモニタリングや方略の柔軟な調整がより可能になるといったメタ記憶の発達が影響を与えているためと推測される。

　内容的知識とは，記憶すべき内容に関する知識のことである。関連知識を持っていることで，新規の情報を記憶しやすくなり，正しい推測が導かれる。また，内容的知識は，子どもが新しい方略を獲得するための手がかりにもなる。さらに，知識があれば個々の情報に払う注意の量が少なくすむため，短期記憶により多くの情報を保持することができる。効率的な学習を行うために，内容的知識は欠かすことができない。

　上述のように，記憶は種々の要因が影響を及ぼし合うことで発達する。中でも特に，児童期から青年期にかけて顕著な発達を遂げる方略やメタ記憶が，記憶の発達において重要な役割を担っていると考えられる。

（2）読み書きの始まり

　日本では，子どもは絵本や歌，遊びといったさまざまな活動を通じて幼少期から文字に慣れ親しんでおり，多くの子どもが小学校入学前からひらがなをある程度読んだり書いたりすることができる。それに対し，小学校入学後に読み書きを学び始める子どももおり，小学校入学時点での読み書きの能力は個人差が非常に大きい。とはいえ，この読み書き能力の差はすぐに縮まり，読み書きの学び始めが遅かった子どもでも小学校1年生の9月頃には早かった子どもに追いつくことが報告されている（内田，1989）。

　ひらがなの読みの習得時期は，児童期初期の読解能力と関連することが示唆されている。児童期の読解能力の発達過程を縦断的に分析した高橋（2001）は，小学校1年生の段階では，小学校入学前にひらがなの読みを習得した子どものほうが入学後に習得した子どもよりもひらがなを読むスピードが速く，ひらがなを読むスピードの速い子どもは読解能力が高いことを明らかにした。ただし，この習得時期の違いは小学校3年生頃には解消され，読解能力への影響も弱くなる。これに対して，語彙力は，低学年から高学年にわたって読解能力に影響を及ぼし続けた。つまり，読解能力と語彙力は密接に結びついており，児童期の子どもは読むこと（読書）によって語彙を獲得し，その増えた語彙によって読解能力がさらに高まるといった関係にあることが指摘された。

（3）道徳性の発達

　道徳性の発達を規範意識や善悪判断などの認知的側面からとらえた代表的な研究者として，ピアジェとコールバーグが挙げられる。ピアジェは，子どもの規則に対する認識が，10歳前後で，拘束的・他律的な段階（規則とは絶対的なもので，変えることはできない）から協同的・自律的な段階（規則は合意によって変えることができる）に移行すると考えた。また，善悪判断についても，10歳を境に，行為の結果に基づいて判断する客観的責任概念から，行為の意図や動機に基づいて判断する主観的責任概念へと変化することを見出した。

　コールバーグは，ピアジェの理論を出発点とし，モラル・ジレンマ課題に対する是非の判断とその理由（判断の基準）を分析することで，3水準6段階の道徳判断の発達段階を導き出した（表3-4）。水準および段階の順序についてはさまざまな社会や文化で共通しているが，各段階に至る年齢は社会や文化によって違いが見られる。たとえば，アメリカの10歳児では段階1や段階2が多いのに対し，日本の10歳児ではすでに段階3が大部分を占めている（山岸，1995）。子どもの道徳性の発達に，社会や文化のあり方が影響を及

表3-4　コールバーグの道徳判断の発達段階

水準と段階	概　要
水準Ⅰ．前慣習的水準 　段階1：罰と服従への志向 　段階2：道具主義的な相対主義志向	行為の善悪は，褒められるか罰せられるかという行為の結果をもとに判断する。 正しい行為とは，自分（場合によっては他者）の欲求や利益を満たすものである。
水準Ⅱ．慣習的水準 　段階3：対人的同調，「よいこ」志向 　段階4：「法と秩序」志向	善い行為とは，他者を喜ばせ，助ける行為であり，他者から是認される行為である。 正しい行為とは，義務を果たし，規則や権威を尊重し，与えられた社会秩序を維持することである。
水準Ⅲ．慣習的水準以降，自律的・原理的水準 　段階5：社会契約的な法律志向 　段階6：普遍的な倫理的原理の志向	正しい行為とは，個人の権利や社会全体によって吟味され一致した基準によって定められる。一方で，法律は絶対的なものではなく，変更可能なものであるとみなす。 正しさは，倫理的包括性，普遍性，一貫性に照らし合わせて，自分自身で選択した「倫理的原理」に従う良心によって定められる。

出典：コールバーグ（1980）より作成.

ぼしていることがうかがえる。

（4）仲間関係の特徴

　小学校低学年頃までは，住所が近い，教室での席が近いなどの物理的距離を理由に友人を選ぶ子どもたちも，中，高学年頃になると気の合う同性，同年齢の仲間と小集団で遊ぶことが多くなる。このような集団をギャング集団と呼び，この時期をギャング・エイジと呼ぶ。ギャング集団は閉鎖性，排他性が強く，自分たちで集団内のルールを決めたり，活動計画を立案，実行したりする。また，大人からの干渉を極力避けようとすることも特徴として挙げられる。

　ギャング集団での活動を通じて，子どもは，集団内のルールの遵守，仲間との協力や役割分担，責任感や義務感，集団生活を送るスキルといった社会性を培う。そのため，子どもにとってギャング集団は，社会化や人格形成において非常に重要な意味をもつと考えられている。しかし近年では，少子化や遊び時間，遊び空間の減少といった生活環境の変化により，ギャング集団の形成が困難になってきている。ギャング集団の体験不足は，対人関係の学習機会の減少につながり，社会性の欠如や集団生活への不適応を引き起こす可能性が危惧される。

３．児童期の子どもと家庭生活

（１）生活習慣と学習実態

　家族との関わりや家庭での生活を通して，子どもは早寝早起き，食事，整理整頓，あいさつといった生活習慣を身に付ける。こうした子どもの生活習慣が学力や学習実態と関連することを，多くの調査が指摘している。

　たとえば，2019（平成31）年度に文部科学省が実施した全国学力・学習状況調査では，毎日朝食を食べている子どもや毎日同じくらいの時刻に起床就寝する子どもほど，学力調査の平均正答率が高い傾向にあることが報告されている（国立教育政策研究所，2019）。また，ベネッセ教育総合研究所（2019）は，子どもの生活習慣と学習実態について複数年にわたる調査を実施し，小学生のときに生活習慣が身に付いていた子どもほど，中学生になって計画的に勉強し，一度決めたことを最後までやりとげる傾向にあることを報告している（図3-2）。

　子どもが生活習慣を身に付ける上では，家庭での親の教育が重要な役割を担う。しかし，近年の家庭や親を取り巻く環境の変化により，個々の家庭だけでは十分な教育を行えない可能性が懸念される。子どもの生活習慣の確立を，園や学校，地域を含めた社会全体の課題としてとらえ，取り組んでいく必要がある。

（２）お手伝いの発達的意義

　前述のベネッセ教育総合研究所（2019）は，子どものお手伝いと生活実態の関連についての経年比較も行っている。この調査から，小学生のときにお手伝いをしていた子どもほど，中学生になると自分でできることは自分でしたり，グループがまとまるように協力したりする傾向にあることが見いだされた（図3-3）。また，田中（2015）では，家庭生活に積極的に参加し家事を分担する児童は，分担をあまりしない児童よりも，周囲の人により親切で，より人の助けになる態度を身に付けている傾向が認められた。これらのことから，家庭でのお手伝いや家事の分担経験は，児童の自主性や協調性の発達に重要な意味をもつことが推測される。

　しかし，家庭や子どもの生活の変化により，家庭における子どものお手伝いや家事の経験は減少している。ベネッセ教育総合研究所（2019）によると，小学生は，「食器を並べる・片付ける」といったお手伝いは比較的行っているが（70％程度），「掃除をする」「ゴミを出す」（ともに40％弱），「料理をする」（30～40％），「買い物をする」（30％台），「洗濯をする」（20％前後）と

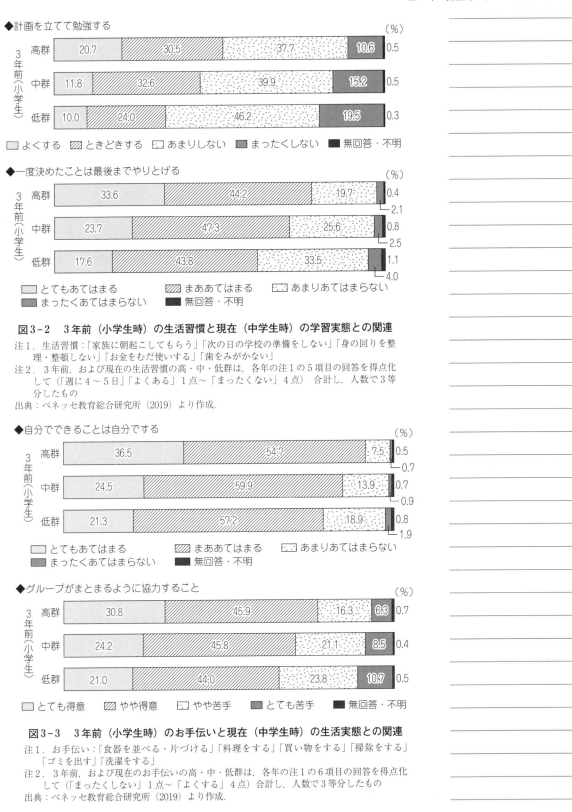

◆計画を立てて勉強する

図3-2　3年前（小学生時）の生活習慣と現在（中学生時）の学習実態との関連

注1．生活習慣：「家族に朝起こしてもらう」「次の日の学校の準備をしない」「身の回りを整理・整頓しない」「お金をむだ使いする」「歯をみがかない」

注2．3年前，および現在の生活習慣の高・中・低群は，各年の注1の5項目の回答を得点化して（「週に4～5日」「よくある」1点～「まったくない」4点）合計し，人数で3等分したもの

出典：ベネッセ教育総合研究所（2019）より作成.

図3-3　3年前（小学生時）のお手伝いと現在（中学生時）の生活実態との関連

注1．お手伝い：「食器を並べる・片づける」「料理をする」「買い物をする」「掃除をする」「ゴミを出す」「洗濯をする」

注2．3年前，および現在のお手伝いの高・中・低群は，各年の注1の6項目の回答を得点化して（「まったくしない」1点～「よくする」4点）合計し，人数で3等分したもの

出典：ベネッセ教育総合研究所（2019）より作成.

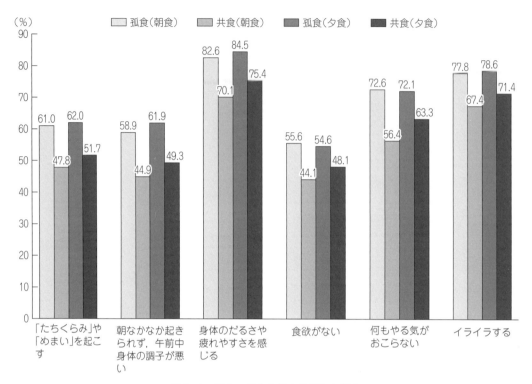

（％）

凡例：孤食（朝食）　共食（朝食）　孤食（夕食）　共食（夕食）

「たちくらみ」や「めまい」を起こす：孤食（朝食）61.0　共食（朝食）47.8　孤食（夕食）62.0　共食（夕食）51.7

朝なかなか起きられず，午前中身体の調子が悪い：58.9　44.9　61.9　49.3

身体のだるさや疲れやすさを感じる：82.6　70.1　84.5　75.4

食欲がない：55.6　44.1　54.6　48.1

何もやる気がおこらない：72.6　56.4　72.1　63.3

イライラする：77.8　67.4　78.6　71.4

図3-4　孤食・共食と健康状態との関連

出典：独立行政法人日本スポーツ振興センター（2012）より作成.

いったお手伝いはあまりしていない。ただし，お手伝いをするか否かは，子どものやる気だけの問題ではなく，大人が子どもにお手伝いを任せるかどうかの判断にも左右される。子どもに多くの経験をさせるために，大人が意識的にお手伝いの機会を作るといった教育的配慮が求められる。

（3）孤食・共食と子どもの発達

　近年，親の働き方や子どもの習い事の増加といった生活スタイルや社会環境の変化により，家族揃って食事をとる（共食）機会が減少し，ひとりで食事をとる（孤食）子どもが増えている。2010（平成22）年度に実施された児童生徒の食事状況等調査（独立行政法人日本スポーツ振興センター，2012）では，こうした孤食・共食と子どもの健康状態の関連について分析を行い，朝食や夕食をひとりで食べる児童生徒は，家族揃って食べる児童生徒に比べて心身の不調を訴える割合が高いことを指摘している（図3-4）。また，生活習慣との関連についても，孤食の児童生徒が朝食を欠いたり就寝時間が遅くなったりする傾向が見られたのに対し，共食の児童生徒は「いただきます」「ごちそうさま」のあいさつをする，食事を楽しく食べるといった望ましい習慣が身に付いている傾向にあることを報告している。日々の食事が単なる栄養

の摂取だけでなく，子どもの心身の健康状態や行動に深く関わっていることを理解し，家庭内でできるだけ孤食の状況をつくらないよう努めることが重要である。

演習問題

1．代表的な発達理論における児童期について，概要を説明してみよう。
2．児童期の子どもの発達について，さまざまな視点からとらえてみよう。
3．家庭生活が児童期の子どもの発達に果たす役割について，まとめてみよう。

引用・参考文献

内田伸子（1989）「物語ることから文字作文へ——読み書き能力の発達と文字作文の成立過程」『読書科学』33，10-24.

エリクソン，E. H.・エリクソン，J. M.，村瀬孝雄・近藤邦夫訳（2001）『ライフサイクル，その完結　増補版』みすず書房.

国立教育政策研究所（2019）「平成31年度（令和元年度）全国学力・学習状況調査報告書（質問紙調査）」

コールバーグ，L.，内藤俊史・千田茂博訳（1980）「「である」から「べきである」へ」永野重史編『道徳性の発達と教育——コールバーグ理論の展開』新曜社，1-123.

サドック，B. J.・サドック，V. A.・ルイース，P. 編著，井上令一監修（2016）『カプラン臨床精神医学テキスト　第3版』メディカル・サイエンス・インターナショナル.

シーグラー，R. S.，無藤隆・日笠摩子訳（1992）『子どもの思考』誠信書房.

高橋登（2001）「学童期における読解能力の発達過程——1－5年生の縦断的な分析」『教育心理学研究』49，1-10.

田中宏子（2015）「児童の家事分担度と協調性の高まり」『滋賀大学教育学部紀要』65，25-34.

独立行政法人日本スポーツ振興センター（2012）「平成22年度児童生徒の食事状況等調査報告書」

ハヴィガースト，R. J.，児玉憲典・飯塚裕子訳（1997）『ハヴィガーストの発達課題と教育』川島書店.

ピアジェ，J.，中垣啓訳（2007）『ピアジェに学ぶ認知発達の科学』北大路書房.

フロイト，S.，渡邉俊之・越智和弘・草野シュワルツ美穂子・道籏泰三訳（2009）『フロイト全集6』岩波書店.

ベネッセ教育総合研究所（2019）「子どもの生活と学びに関する親子調査2015-2018」.

無藤隆（1995）「スクールカウンセラーと発達心理学」村山正治・山本和郎編
『スクールカウンセラー——その理論と展望』ミネルヴァ書房，43-61.
山岸明子（1995）『道徳性の発達に関する実証的・理論的研究』風間書房.

（渡邉大介）

コラム 1　発達の原則

　人の発達は多様で，ひとりひとり異なる。また，発達の過程は複雑で動的（ダイナミック）なものであるが，これまでの発達研究において，共通にみられる特徴，一定の原理がいくつか示されている。そうした原理は発達をとらえる 1 つの視点である。

順序性：年齢に伴って生じる行動発達や認知発達の順序は，多くの子どもにおいてほぼ同じ，つまり一定の順序ですすむ。たとえば，運動発達においては「胎児の姿勢→あごを上げる→胸を上げる→物をつかもうとするができない→支えられてすわる→膝の上にすわる・物を握る→高い椅子の上にすわる・ぶら下がっている物をつかむ→ひとりですわる→助けられて立つ→家具につかまって立っていられる→はいはいする→手をひかれて歩く→家具につかまって立ち上がる→階段をのぼる→ひとりで立つ→ひとりで歩く」といった順序のみられることがシャーレイ（Shirley, M. M.）によって示されている。言語発達でも「喃語→初語→会話」という順序がみられる。

方向性：発達における一定の方向として「頭部から尾部へ（cephalo-caudal direction）」という方向と，「中心部から周辺部（末梢部）へ（proximo-distal direction）」という方向が挙げられる。「頭部から尾部へ」とは，頭部→頸部→胸部→腹部→脚部という順序，つまり頭から足先という一定の方向で発達するということである。「中心部から周辺部（末梢部）へ」とは，胴体部から腕や足，手先や足先といった順で発達するということで，たとえば描画の発達は，最初は胴体に最も近い肩を支点として腕を動かしてなぐり描きをし，次にひじを支点としたなぐり描き，手首を支点としたなぐり書きというように，身体の中心部に近いところを使った動きから，周辺部を使った動きへと発達していく。

連続性：人は誕生から死まで連続的に変化し続ける。発達の速度が非常に緩やかで止まっているように見えたとしても，実際は変化し続けている。また，何らかの発達が突然起こったように見えても，それは準備されて起こったものであって，連続していないということではない。

異速性：発達は身体の各部位によってその速度が異なっている。スキャモン（Scammon, R. E.）は身体の各部位・器官の重量について，20歳時を100として各発達時期における各部位・器官の重量の割合の変化を 4 つの曲線（神経型，一般型，生殖型，リンパ型の 4 つの発育パターン）で表している（「スキャモンの発達曲線」）。脳，脊髄など神経系と頭部の外形の計測値を表す「神経型」は，乳幼児期，特に 3，4 歳までの発育が顕著であり，12歳頃にはほぼ発達が完了する。頭部を除いた全身の外形計測値（身長，体重など）および，呼吸器，消化器，骨格，筋肉などの計測値を表す「一般系」は，生後数年および思春期に著しく発達する。生殖に関わる諸器官（睾丸，卵巣など）の計測値を表す「生殖型」は，12歳頃までほとんど発達がみられないが，12歳以降に急速に発達する。胸腺，リンパ筋などのリンパ系器官の計測値を表す「リンパ型」は，12歳頃までの発育が著しくその後は低下していくという，独特の曲線で描かれる。

相互関連性：発達のさまざまな領域は，それぞれ個々に独立して発達するのではなく，相互に関連しながら発達していく。たとえば，運動能力の発達は他者との交流やさまざまな活動を活発化させるため，社会性の発達や知的能力の発達に影響を及ぼす傾向がみられる。また，言語発達は，運動発達，思考発達，社会性の発達と密接に関係している。

分化・統合：発達は未分化な状態から分化し，統合していくものである。未分化とはひとまとまりのものである状態を表し，分化とはまとまっていたものがそれぞれに分かれていく，まとまって動くことしかできなかったものが，別々に動けるようになるといったことを表している。そして，統合とは別々の動きをしていたものがまとまってひとつの動きをするようになるこ

とを表す。発達は最初，混沌とした未分化な状態のものが，次第にそれぞれの機能をもつものに分化し，分化したものが統合（組織化）され，より複雑な全体が作られていく過程である。たとえば，もののつかみ方の発達では，最初は数本の指すべてで握るように持ち（未分化な状態），次第に必要な指（親指ともう1本の指）だけでつまむようになる（分化）。そして親指と人差し指でつまむという動作をしながら，その他の指は広がらずまとまった状態で物をつまむという動作が可能になる（統合）。このように，分化と統合を繰り返しながら，より複雑でより有能になっていくことが発達といえる。

個人差：すべての人が同じ時期に同じように発達するわけでない。多くの人に共通する発達の原理に基づいた発達の過程において，その速度はそれぞれに異なっている。個人差の要因となるのは遺伝と環境であり，それらが相互に関連しながら個体差を生じさせ，個性をつくる。

　こうした発達の原理はあくまで多くの人に当てはまる基本法則のようなものであるが，最後に示している個人差という視点は重要である。バルテス（Baltes,

P. B.）は生涯発達を規定する要因として，生活年齢や生物学的な成熟による影響力である年齢段階な影響力（一般的発達），歴史的な時代背景による影響力である歴史段階的な影響力（コホート*特有性），標準とは異なる生活上の出来事による影響力である非規範的な影響力（個人特有事象）の3つの要因を挙げている。多くの人に共通する一般的な発達に加えて，生まれ年による社会的経験の違いや，共通することのない個人の生活上の出来事による影響を示しているのである。これらは相互に関連し合い生涯発達を左右する。

　　＊「コホート」とは同時期出生集団。出生時期が同
　　　じであることから共通した社会的経験をもつ。

　遺伝的に異なる個人は，個々に異なる環境の影響を受け，さらに環境からの影響力にも個人差が考えられる。発達の原理は人の発達の一般的な傾向を示すものであり，発達をとらえる1つの視点である。しかし，人の発達は発達の原理だけで説明できるものではなく，最初の述べたように発達の過程は複雑で動的（ダイナミック）なものであるということも踏まえて発達をみることも必要である。

（西元直美）

第4章　青年期以降の発達の特徴と課題

　　人の発達は，児童期で完成するのではなく，生涯にわたる。人生100年時代と
もいわれている今日，生涯発達心理学の視点から，人の発達を包括的に理解して
いく必要がある。本章では，青年期，成人期，高齢期の心理的発達について学ぶ
ことにする。

1．青年期のアイデンティティ形成と対人関係

（1）青年期とはどのような時期か？

　青年期（adolescence）は，中学生頃から20歳代半ば頃までの時期を指す。
思春期（puberty）という用語を用いることがあるが，この言葉は第二次性徴
といった生物学的要素の色合いが強いものであり，思春期の後に青年期をお
くことも，青年期の初期の時期を思春期とよびかえることもある。これは青
年期の開始の指標を思春期の身体的変化においていることによる（佐藤，
2014：51）。現代社会においては，生物学的成熟と心理社会的成熟が一致し
ておらず，特に心理社会的成熟が完成する年齢は遅くなってきており，青年
期の終わりを定めるのは難しいとされている。この時期，青年はさまざまな
心身の変化を経験する。

（2）青年期の身体的，心理的変化

① 身体的な変化

　人間の一生涯の中で，身長や体重の変化が大きい時期として，出生直後の
乳児期（第1発育急進期）と10歳から15歳頃（第2発育急進期）がある（図
4-1）。特に後者は，「思春期のスパート」とも呼ばれる。

　思春期においては，性によって身体の変化に違いがあらわれ，男性は筋肉
が増大し，精通や声変わりがなど起こる。また女性は皮下脂肪が増え，乳房
の発育，初経などが起こる。このようなそれぞれの性によって生じる身体的
変化の特徴を第二次性徴とよぶ。そしてこの身体的な発達は世代が新しくな
るにつれて速くなっていく傾向があるが，この現象を発達加速現象という。
これには，身長・体重などの量的側面が親世代よりも増える成長加速現象と，
子どもの初潮や精通といった性的成熟の開始年齢が低年齢化する成熟前傾現
象がある。

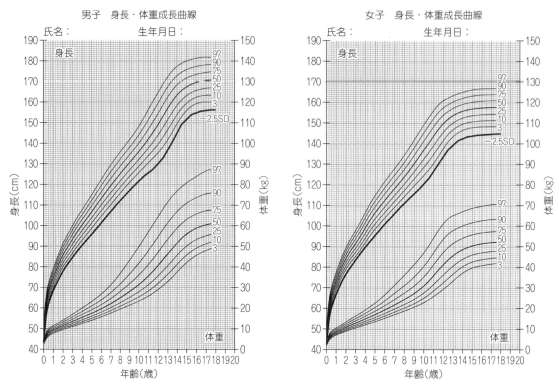

図4-1　成長曲線

出典：日本学校保健会（2015：68-69）.

　このような身体に起こる変化は，自分に注意を向けるきっかけになり，身体的な満足感が，青年の自尊心や自己概念，アイデンティティの発達に影響を及ぼす可能性がある。上長（2007），上長・齋藤（2011）は，思春期の身体的変化が青年の心理的側面と関連するということを明らかにしている。

② 心理的変化

　思春期を迎える頃，身体的側面だけではなく心理的側面においても変化がみられる。さまざまな出来事を大人と同じような視点からみることが可能となってくる。非現実的な前提にたっての推論や，抽象的，論理的な推論を行うことが可能となる。ピアジェら（Piajet & Inhelder, 1956）は，認知発達の段階に4つの段階（表4-1）があると述べているが，このような高度な推論が可能になるということは，具体的操作期から形式的操作期に移行することを意味する。楠見（1995）は，青年期における認知能力の発達は，社会認識や自己認識を深めるとしている。このような認知能力の発達は，自分自身を客観的にとらえることを可能にし，将来の進路選択やアイデンティティの形成等に影響を及ぼすと思われる。次に青年期の重要なテーマであるアイデン

表 4-1　認知発達の年齢と特徴

段　階	年　齢	特　徴
感覚運動期	0〜2歳	・運動と感覚を通した外界への働きかけを行う ・対象の永続性が獲得される
前操作期	2〜7歳	・自己中心的な直観的思考をもつ ・アニミズム，延滞模倣がみられる ・保存の概念が不十分である
具体的操作期	7〜11歳	・具体的場面なら保存概念が成立する ・脱中心的な思考が可能になる ・クラス概念の形成が可能になる
形式的操作期	11，12歳以降	・具体的事物を越えた思考が可能になる ・抽象概念を操作できる

出典：中川（2019：24）.

	1	2	3	4	5	6	7	8
Ⅷ								インテグリティ 対 絶望
Ⅶ							ジェネラティヴィティ 対 停滞	
Ⅵ						親密 対 孤立		
Ⅴ	時間的展望 対 時間意識の混乱	自己確信 対 自己意識	役割実験 対 役割の固定	徒弟期間 対 労働麻痺	アイデンティティ 対 アイデンティティ混乱（コンフュージョン）	性の両極化 対 両性愛的混乱	指導者－追随者的関係 対 権威の混乱	イデオロギーへのコミットメント 対 価値の混乱
Ⅳ				勤勉 対 劣等感	仕事への同一化 対 無益感			
Ⅲ			自主性（イニシアティブ） 対 罪の意識		役割への期待 対 役割抑制			
Ⅱ		自律 対 恥，疑惑			自分自身でありたいという意志 対 自己不信			
Ⅰ	信頼 対 不信				相互承認 対 自閉的孤立			

図 4-2　エリクソンの漸成発達理論の図式

出典：Erikson（1968/2017: 107）.

ティティの形成についてみていきたい。

　アイデンティティとは何であろうか？　簡単に述べると，アイデンティティとは「自分が自分である」や「これが自分だ」という確信に近い概念である。自分が自分であるという斉一性をもち，それが過去・現在・未来につ

ながる連続性をもち，そしてこれらの重要な特徴を他者と共有しているのだという自信や安定感を意味している。

　エリクソン（Erikson, 1968）は，文化的，社会的要因を重視し，図4-2のように人間の自我発達を8つの段階に分け，各段階において危機（crisis）が生じると考えた。そして対角線上に，その時期に中心となる主題（theme）があるとする漸成発達理論の図式（エピジェネティック図式）を示し，青年期の主題としてアイデンティティの統合を位置づけた。各段階の主題を解決することで，次の段階の主題に取り組むことができ，危機を解決することができるというのである。アイデンティティの統合は青年期の主題として位置づけられているが，この漸成発達理論図全体がアイデンティティ形成過程を示していると考えられている（三好，2017：64）。

　アイデンティティ達成の過程について，マーシャ（Marcia, 1966）は，「コミットメント（commitment）：積極的に時間やエネルギーを投入しているかどうかを表す」と「危機（crisis）：真剣に自分のことについて悩んだ経験があるかどうか表す」の2つの基準を組み合わせることで，アイデンティティの状態を客観的に把握しようした。これをアイデンティティ・ステイタス（同一性地位）と呼び，次のような4つの類型に分類している。

　　①「同一性達成（Identity achievement）」とは，危機をすでに経験し，自分の人生の重要な領域に対して積極的に関与し，自分の意志で生き方，職業，価値観などを主体的に選択し，その選択に対して責任をもっている特徴がある。

　　②「モラトリアム（Moratorium）」とは，現在，危機を経験しており，自己決定を模索しながらいくつかの選択肢に迷い，一生懸命努力し克服しようとしているという特徴がある。

　　③「早期完了（Foreclosure）」とは，明確な危機を経験せず，周囲の価値観をそのまま継承するように特定の生き方や価値観などに積極的に関与している特徴がある。

　　④「同一性拡散（Identity diffusion）」とは，危機を経験したかどうかにかかわらず，積極的関与ができず，自分の生き方がわからなくなっている特徴がある。

　一般的に同一性拡散→早期完了→モラトリアム→同一性達成という順でアイデンティティ発達が進んでいくと想定されるが，アイデンティティを形成した後も危機を経験することで，別のステイタスに移行することもある。なお，中間ら（2014）は，日本語版の新しいアイデンティティ尺度を開発している。

　青年期はアイデンティティの形成に取り組む時期であるが，アイデンティ

ティを形成できる者もいれば，アイデンティティ拡散に陥る者もいる。このようなアイデンティティ拡散に陥った状態像に否定的アイデンティティがある。エリクソンは，否定的アイデンティティを「発達の危機的段階において，最も望まれない・危険な・しかも最もリアルなものとしてその人に示された，あらゆる同一化や役割にひねくれた基礎を持つアイデンティティである」としている（Erikson, 1959/2011:151）。すなわち，否定的アイデンティティを有する青年は，自己を支えるあらゆる役割（個人の特性，他者との関係性，所属集団など）を社会的に望ましくないものに転換し，それらに固着した状態にある（日原・杉村，2017：84）。否定的アイデンティティが形成される理由として，これまでの心理社会的危機にうまく対応できていないことが考えられる。たとえば，「勤勉　対　劣等感」の危機を乗り越えることができず，劣等感を感じ，アイデンティティ形成の問題に取り組むことが困難になっている可能性がある。また三好（2018）は，個人がもともともっているその人らしさを無視してあるべき理想像が求められ，それに外れる者を排除しようとするとき，否定的アイデンティティは選択されると述べている。青年が真のアイデンティティを形成するためには，多様性を認め合うことができるような成熟した社会を作っていく必要がある。

（3）青年期の対人関係の変化
① 親子関係の変化
　青年期は，心理的に依存していた両親から離れていく時期であり，親子関係の再構築の時期である。子どもが思春期に入る頃，親や年長者との間で葛藤（コンフリクト）が生じやすくなるといわれている。いわゆる第二反抗期である。この時期，青年は自己に関心を強く向けるようになり，自律性の欲求が高まり，自分の行動を自分自身で決定したいと考えるようになる。また年長者や権威などに対して厳しい目を向けるようになる。このような心理的な状況の中で反抗的な態度が現れる。しかし同時に青年は自立への不安を感じ，その厳しい目を自分自身にも向けるようになる。やがて大人に対する一方的な非難を脱していくのである。
　ホリングワース（Hollingworth, 1928）は，青年期のこのような心理的自立を「心理的離乳（psychological weaning）」とよんだ。西平（1990）は，次のように心理的離乳を3つの段階に分けている。「第一次心理的離乳」は，青年期前半に経験する親からの離脱，依存性の払拭に重点を置くものであり，「第二次心理的離乳」は，親の考えや生き方を客観的にとらえることができるといった高次のものである。そして「第三次心理的離乳」は，両親から与えられたモラルや価値観などを超越して，自分自身の生き方を確立するもの

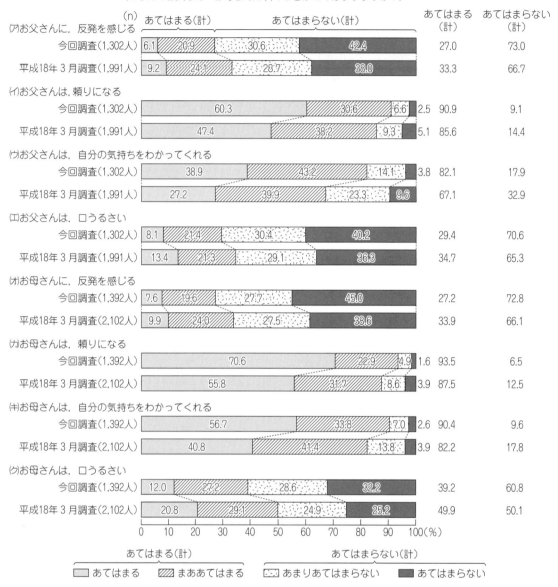

〈あなたのお父さん・お母さんに次のことがあてはまりますか？〉

	あてはまる（計）	あてはまらない（計）
(ア)お父さんに，反発を感じる		
今回調査(1,302人)	6.1 / 20.9 / 30.6 / 42.4	27.0 / 73.0
平成18年3月調査(1,991人)	9.2 / 24.1 / 28.7 / 38.0	33.3 / 66.7
(イ)お父さんは，頼りになる		
今回調査(1,302人)	60.3 / 30.6 / 6.6 / 2.5	90.9 / 9.1
平成18年3月調査(1,991人)	47.4 / 38.2 / 9.3 / 5.1	85.6 / 14.4
(ウ)お父さんは，自分の気持ちをわかってくれる		
今回調査(1,302人)	38.9 / 43.2 / 14.1 / 3.8	82.1 / 17.9
平成18年3月調査(1,991人)	27.2 / 39.9 / 23.3 / 9.6	67.1 / 32.9
(エ)お父さんは，口うるさい		
今回調査(1,302人)	8.1 / 21.4 / 30.4 / 40.2	29.4 / 70.6
平成18年3月調査(1,991人)	13.4 / 21.3 / 29.1 / 36.3	34.7 / 65.3
(オ)お母さんに，反発を感じる		
今回調査(1,392人)	7.6 / 19.6 / 27.7 / 45.0	27.2 / 72.8
平成18年3月調査(2,102人)	9.9 / 24.0 / 27.5 / 38.6	33.9 / 66.1
(カ)お母さんは，頼りになる		
今回調査(1,392人)	70.6 / 22.9 / 4.9 / 1.6	93.5 / 6.5
平成18年3月調査(2,102人)	55.8 / 31.7 / 8.6 / 3.9	87.5 / 12.5
(キ)お母さんは，自分の気持ちをわかってくれる		
今回調査(1,392人)	56.7 / 33.8 / 7.0 / 2.6	90.4 / 9.6
平成18年3月調査(2,102人)	40.8 / 41.4 / 13.8 / 3.9	82.2 / 17.8
(ク)お母さんは，口うるさい		
今回調査(1,392人)	12.0 / 27.2 / 28.6 / 32.2	39.2 / 60.8
平成18年3月調査(2,102人)	20.8 / 29.1 / 24.9 / 25.2	49.9 / 50.1

あてはまる（計）　　　　　　　　　　あてはまらない（計）

□ あてはまる　　☑ まああてはまる　　▨ あまりあてはまらない　　■ あてはまらない

図4-3　両親との関係についての結果

出典：内閣府（2015：77）．

である。小澤（1998）は，親への反抗の形態を感情的な「反発」としての反抗と，親との生き方の違いなどから生じる「抵抗」としての反抗の2つが存在するとし，これらが第一次心理的離乳と第二次心理的離乳に匹敵すると考えている。

　第二反抗期については，青年の自律欲求が高まるため必然的に反抗が生じるという考え方がある一方で，白井（1997）が述べるように，青年の自律欲

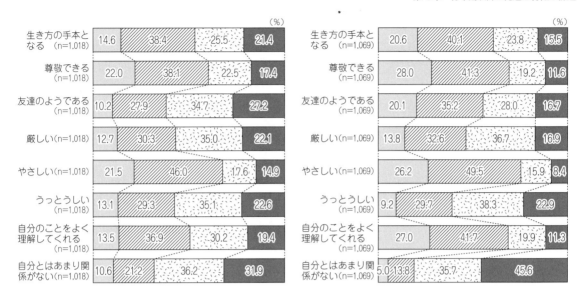

図4-4　親のイメージについて（左図：父親，右図：母親）

出典：内閣府（2019a：133, 138）.

求に家族システムが対応できていないというものや，平石（2011）が述べるように，学校での教師や友人関係のストレスがその背景要因になっているというものもあり，親子関係の関係性や家庭外の（学校環境などの）社会的環境状況などが関係していると考えられる。

　内閣府（2015）の小学校高学年と中学生を対象とした親子関係についての意識調査の結果によると，図4-3に示すように親に対する反発は減少し，子どもは親を頼りにし自分の気持ちを理解してくれていると回答する割合が増えている。現代の日本では，反抗は少なくなっており，良好な親子関係が増加していることがうかがわれる。

　また内閣府（2019a）は13歳～29歳の若者を対象とした親のイメージについての意識調査を行っており，図4-4の結果を報告している。父親については，6割以上の者がやさしくて尊敬できると回答しており，また母親については，約7割の青年がやさしくて尊敬でき，自分のことを理解してくれると回答している。このことから現代の若者は両親の関係をポジティブにとらえていることがわかる。

　第二反抗期についてもさまざまな視点からとらえることができるが，第二反抗期があるのかないのかということよりも，親子が相互に信頼し合える環境をどのように作っていくかということが大切なのではないだろうか。

　ところで親子関係のあり方がいつの時代においても普遍なものであるかと

いえばそうではない。その時代のイデオロギーや社会的，経済的，文化的な状況によって変化する側面も大きいと考えられる。

② 友人関係

上記で述べたように，親との関係が変化するにともない，この時期の友人関係はより親密なものになっていく。

保坂・岡村（1986）は，青年期の仲間関係のプロセスには次のような3つの発達段階があるとしている。

① **gang-group**：外面的な同一行動による一体感を特徴とし，小学校高学年頃に現れる徒党集団である。こうした集団では，同一行動による一体感が重んじられ，集団の承認が家庭（親）の承認より重要とされる。

② **chum-group**：内面的な互いの類似性の確認による一体感を特徴とする。中学生頃に見られる仲良しグループである。このグループでは，興味，趣味やクラブ活動などで結ばれ，互いの共通点，類似性を言葉で確かめあうのが基本になっている。

③ **peer-group**：内面的にも外面的にも，互いに自立した個人としての違いを認め合いながら共存できる状態である。高校生頃に見られ，互いの価値観や理想，将来の生き方などを語り合う関係が生じてくるグループである。

また友人関係にはさまざまな機能があり，松井（1990）は，青年の友人関係の機能を「安定化の機能（緊張を解消し，不安を和らげる働き）」，「社会的スキル学習機能（対人関係場面で適切な行動を学習する機会となる働き）」，「モデル機能（対等でありながら異質な存在として，新しい世界を理解するためのモデルとなる働き）」の3つに整理している。この時期の友人関係は，対等でありながら社会の一員となるための手助けをする社会化の機能を担っていると考えられる。

ところで内閣府（2014）は，13歳から29歳の男女を対象に若者の意識調査を行っている。その中で友人関係の充実感および心配事と自己のイメージとの関連性を検討し，図4-5のような結果を報告している。これをみると，「友人関係の充実感」と「自分に満足」「自分に長所がある」の間で有意な正の関連が，「役に立たない」とは負の関連が，「友人関係の心配事」とはそれぞれ逆の関連が認められている。そしてその傾向は青年前期の方が高くなっている。

また内閣府（2019b）は充実感と友人関係について報告しているが，図4-6に示すようにスポーツや運動に打ち込んでいることに充実感のある若者は，友人関係が良好である傾向が報告されている。

友人関係に充実感×自分に満足している

		はい	いいえ
22-29歳	なし	40	81
	あり	196	245
13-21歳	なし	37	74
	あり	265	237

友人関係に心配事×自分に満足している

		はい	いいえ
22-29歳	なし	169	187
	あり	67	139
13-21歳	なし	195	155
	あり	107	156

友人関係に充実感×自分には長所がある

		はい	いいえ
22-29歳	なし	47	74
	あり	314	127
13-21歳	なし	57	54
	あり	392	110

友人関係に心配事×自分には長所がある

		はい	いいえ
22-29歳	なし	244	112
	あり	117	89
13-21歳	なし	280	70
	あり	169	94

友人関係に充実感×自分は役に立たない

		はい	いいえ
22-29歳	なし	73	48
	あり	201	240
13-21歳	なし	66	45
	あり	214	288

友人関係に心配事×自分は役に立たない

		はい	いいえ
22-29歳	なし	156	200
	あり	118	88
13-21歳	なし	126	224
	あり	154	109

■ はい　□ いいえ

図4-5　友人関係の充実感および心配事と自己のイメージとの関連について

出典：内閣府（2014：139）.

Q10　友人との関係の満足度
Q3（d）充実感　運動やスポーツに打ち込んでいるとき

（%）

	満足	どちらかといえば満足	どちらかといえば不満	不満	該当する人はいない・わからない
TOTAL（n=1,134）	18.4	46.6	11.6	4.1	19.4
あてはまる（n=227）	35.2	45.4	10.6	3.5	5.3
どちらかといえばあてはまる（n=379）	16.1	55.1	11.3	3.2	14.2
どちらかといえばあてはまらない（n=318）	12.9	48.4	13.5	3.5	21.7
あてはまらない（n=210）	12.9	29.5	10.0	7.1	40.5

□ 満足　▨ どちらかといえば満足　▤ どちらかといえば不満
■ 不満　■ 該当する人はいない・わからない

図4-6　友人関係との関係の満足度と充実感との関連について

出典：内閣府（2019b：28）.

このように，青年期の友人関係は深い付き合い方に変化し，互いの価値観や生き方を理解し合える関係に変化していく。またその関係は自己の安定や自己の成長などと関連しており，青年にとって重要な役割を担っていることがいえる。

　一方で，鵜飼（2004）や落合・佐藤（1996）は，この時期の友人関係は異質なものを排除しようとする力が働きやすく，友人から嫌われることを恐れて自分を出さないことや，友人関係に対して同調的になるという特徴を挙げている。また須藤（2014）は，現代の青年の友人関係のコミュニケーションはグループ内に留まっており，しかもその狭い友人関係に気を遣い，自分の意見を抑えて仲間に同調することが中心となっており，同じグループ内に所属していても，その関係が希薄になっている可能性があることを指摘している。この他にも，大谷（2007）は，友人関係は状況に応じて自己を切り替えたり（自己切替），付き合う相手を切り替えたり（対象切替）していることを報告している。

2．成人期の特徴とキャリア発達

（1）青年から成人への移行期（成人期の発達）

　前述したように，青年期の終わりは明確ではない。そのため青年期と成人期の区切りは厳密に定まっていない。アーネット（Arnett, 2004）は，18歳から25歳頃までを青年期から成人期への移行期としての成人形成期（emerging adulthood）としてとらえているが，一般的には20歳代半ばから成人期として考えられている。

　エリクソンのライフサイクル理論は，成人前期の心理社会的危機を「親密性 vs 孤立」とし，成人期後期の危機を「世代性 vs 停滞」としている。「親密性」とは，青年期でアイデンティティを確立した者が，互いの異なる部分を認め合いながら他者との関係を築いていくことである。すなわち職場，家庭，恋愛などの社会生活の中で，他者と親密な人間関係を築くことである。「世代性」とは，自分自身だけに注意を向けるのではなく，周囲に注意を向け次世代を育成していくことである。すなわち育てられる立場から育てる立場になるのである。

　次世代を育てる立場になった大人は，40歳前後から50歳代にかけて，自分の人生について問い直す大切な転換点を迎える。自分自身の生き方を振り返り，これからの人生をいかに生きるかということを真剣に模索するのである。この時期，体力の低下，家族関係の変化，職場環境の変化など中年期の危機が生じやすくなる。激しく変動する現代社会において，青年期に確立したア

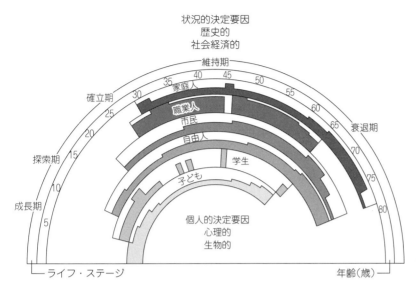

図4-7　ライフ・キャリア・レインボー

出典：金井（2012：107）.

イデンティティは，再度見直しを迫られることが少なくない。中年期の危機に直面したとき，我々は自身の生き方を見つめなおし，柔軟に調整していく必要がある。

（2）キャリア発達

　青年から成人への移行期の中で重要となるライフイベントの一つにキャリアの形成がある。キャリアとは，もともとはラテン語の「carrus（車輪のついた乗り物）」や「carraria（轍）」から来ており，足跡を意味するが，人がたどる経歴に拡大されるようになった。今では，「人が，生涯の中で様々な役割を果たす過程で，自らの役割の価値や自分と役割との関係を見いだしていく連なりや積み重ね」を意味するものとなっている。そして「キャリア発達」とは，「社会の中で自分の役割を果たしながら，自分らしい生き方を実現していく過程」を指す（文部科学省，2011：8）。

　安達（2013）は，キャリアには，「ワーク・キャリア」と「ライフ・キャリア」があるとしており，「ワーク・キャリア」は職業に対する意識や態度，仕事選びなど仕事人としての生き方に関連するものである。一方「ライフ・キャリア」は，職業人としてだけではなく，家庭，教育，余暇などを含み，人生全般に関係するキャリアである。スーパー（Super, 1990）は，ライフ・キャリア・レインボーと呼ばれる模式図（図4-7）を示している。スーパーによると，人が人生の中で果たす役割は，「子ども」「学生」「余暇を過ごす自由人」「市民」「職業人」「家庭人」など少なくとも6種類ある。図の中に

黒く塗られている部分はそれぞれの時期に各役割に費やした時間やエネルギーを表している。このようにキャリアとは人生全体を表すものであり，「ワーク・キャリア」と「ライフ・キャリア」は車の両輪のようにどちらも大事であり，昨今のワーク・ライフ・バランスの議論に通じるものである。

　このようにキャリアは，成人期だけの概念ではなく，「人生」の中で考えていくものであり，キャリア教育は生涯という時間的な流れの中でとらえる必要がある。文部科学省（2011）によると，「キャリア教育」とは，「一人一人の社会的・職業的自立に向け，必要な基盤となる能力や態度を育てることを通して，キャリア発達を促す教育」である。すなわち，キャリア教育とは周囲と関わり合いながら自分の役割を果たすことで自分らしい生き方を見出していくことができるように教育することである。その中で重要となるのは，自らの力で生き方を選択していくことができるよう必要な能力や態度を身に付けさせることである。そのためには就学前から準備し，小学校・中学校・高等学校におけるキャリア発達を踏まえて系統立てて育成していく必要がある。

3．高齢期の特徴とサクセスフル・エイジング

　現在，日本は先例のない長寿社会を迎えている。一般的に前期高齢期は65歳～74歳，後期高齢期は75歳以上と区分される。図4-8は日本の平均寿命の推移と将来推計を表したものである。日本の平均寿命は，2017（平成29）年現在，男性81.09年，女性87.26年となっている。このグラフから，日本はこれまで経験したことがない超高齢社会に突入していることがわかる。人生100年時代ともいわれる今日において，高齢期というこのステージを健やかに過ごすためにはどうすればよいのだろうか。

（1）エイジング

　エイジング（aging）は「老化」と訳され，衰退や機能低下といったイメージを持っている人が多いかもしれない。しかし高齢期において全てが衰えていくわけではない。たとえば，知能について考えると，加齢と共に衰えていく側面と変化しにくい側面がある。ホルンとキャッテル（Horn & Cattell, 1967）が提唱した流動性知能と結晶性知能がそれである。図4-9に示すように，新しい場面への適応を必要とする際に働く能力（流動性知能）は年齢の影響を受けて低下しやすい。しかしながら，過去の学習を通じて蓄積された知識を現実の場面で応用する能力（結晶性知能）は年齢の影響を受けにくく，維持・向上するのである。このように高齢期は衰えていくばかりではな

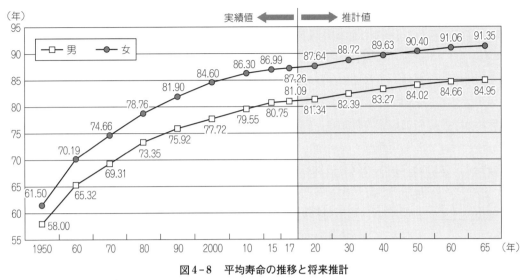

図4-8 平均寿命の推移と将来推計

出典：内閣府（2019c：6）.

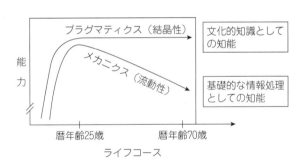

図4-9 流動性知能，結晶性知能における加齢変化の模
式図

出典：稲垣（2016：83）.

いのである。最近ではエイジング（aging）を「加齢」と訳すことが多くなり，意味的には中立的なものになっている。

（2）サクセスフル・エイジング

　加齢による変化が生じる中で，幸福に老いて生活を送りたいと誰しもが思うであろう。では幸福な老いとはどのような状態をいうのであろうか。サクセスフル・エイジングという言葉が使われることがあるが，これは，現代社会において重要な用語となっており，さまざまな領域から研究が進められている。そのためサクセスフル・エイジングの定義に統一したものがあるわけではない。心理学的な立場では，加齢とともに生じる喪失に対してどのように適応していくかということが重要なテーマとなっている。

バルテス (Baltes, 1997) は，発達とは獲得と喪失のダイナミックスである
とし，「選択最適化補償理論 (SOC 理論)」を提唱している。このモデルは，
選択，最適化，補償という互いに関連した要素から成る。選択 (selection)
とは，これまでやってきた活動領域の中から自分にとって大事と考える対象
を選択することを指す。また最適化 (optimization) とは，選択した領域に集
中的に資源を配分して，新たな目標の達成を目指して努力することを指す。
そして補償 (compensation) とは，失った機能や資源を他の機能や資源で補
い，目標達成を可能にすることを指す。SOC モデルは，後期高齢者をも含
むサクセスフル・エイジングの在り方を示しているといえるが，その一方で，
これを行うためには資源を配分し活用する能力も必要とすることから，一部
の恵まれた高齢者のモデルであって万人向きではないということも指摘され
ている。

富澤 (2009) は，超高齢者のポジティブで前向きな老い意識は長年住み慣
れたなじみの環境で暮らすことが効用となって形成されていること，また地
域や子どもとの絆があることによって基本的信頼感が形成され，超高齢期の
生きる力となっていることを明らかにしている。このように考えると，高齢
者を取り巻く地域の環境作りが重要となってくるであろう。人生100年時代
ともいわれる今日において，サクセスフル・エイジングの研究は途上の段階
にあり，今後の重要な課題となっていくと思われる。

演習問題

1．友人関係を振り返り，その関係がどのように変化してきたかを考えてみよう。
2．心理的離乳について説明してみよう。
3．自分自身のライフ・キャリア・レインボーを作成してみよう。

引用・参考文献

安達智子 (2013)「人生は多重役割」安達智子・下村英雄編著『キャリア・コン
　　ストラクションワークブック――不確かな時代を生き抜くためのキャリア心
　　理学』金子書房，97-104.

稲垣宏樹 (2016)「Ⅷ　認知情報処理④高次の情報処理」佐藤眞一・権藤恭之編
　　著『よくわかる高齢者心理学』ミネルヴァ書房，82-83.

鵜飼啓子 (2004)「いま，思春期の友だち関係はどうなっているのか」『児童心
　　理』58：1461-1469.

大谷宗啓 (2007)「高校生・大学生の友人関係における状況に応じた切替」『教育
　　心理学研究』55：480-490.

小澤一仁 (1998)「親への反抗」落合良行編著『中学二年生の心理』大日本図書，

97-133.

落合良行・佐藤有耕（1996）「青年期における友達とのつきあい方の発達的変化」『教育心理学研究』44：55-65.

金井篤子（2012）「職業生活」高橋恵子・湯川良三・安藤寿康・秋山弘子編『発達科学入門3　青年期〜後期高齢期』東京大学出版会，105-117。

上長然（2007）「思春期の身体発育のタイミングと抑うつ傾向」『教育心理学研究』55：370-381.

上長然・齋藤誠一（2011）「思春期の身体発育が攻撃性に及ぼす影響」『青年心理学研究』23：133-146.

楠見孝（1995）「青年期の認知発達と知識獲得」落合良行・楠見孝編『講座生涯発達心理学4　自己への問い直し　青年期』金子書房，57-88.

佐藤有耕（2014）「青年期への発達心理学的接近」日本青年心理学会企画『新・青年心理学ハンドブック』福村出版，49-61.

白井利明（1997）「青年心理学の観点からみた「第二反抗期」」『心理科学』19：9-24.

須藤春佳（2014）「友人グループを通してみる思春期・青年期の友人関係」『神戸女学院大学論集』61：113-126.

富澤公子（2009）「ライフサイクル第9段階の適応としての「老年的超越」——奄美群島超高齢者の実態調査からの考察」『神戸大学大学院人間発達環境学研究科研究紀要』2：111-119.

内閣府（2014）「我が国と諸外国の若者の意識に関する調査（平成25年度）」https://www8.cao.go.jp/youth/kenkyu/thinking/h25/pdf/b3_2.pdf

内閣府（2015）「平成27年版　子供・若者白書　第1部　子供・若者状況　第6章　生活行動・意識　第2節　意識」https://www8.cao.go.jp/youth/whitepaper/h27honpen/pdf/b1_06_02_02.pdf

内閣府（2019a）「我が国と諸外国の若者の意識に関する調査（平成30年度）」https://www8.cao.go.jp/youth/kenkyu/ishiki/h30/pdf/s2-6.pdf

内閣府（2019b）「我が国と諸外国の若者の意識に関する調査（平成30年度）」https://www8.cao.go.jp/youth/kenkyu/ishiki/h30/pdf/s2-1.pdf

内閣府（2019c）「令和元年版高齢社会白書」https://www8.cao.go.jp/kourei/whitepaper/w-2019/zenbun/pdf/1s1s_01.pdf

中川佳子（2019）「発達心理学の理論I：成長・成熟の過程」高橋一公・中川佳子編著『発達心理学15講』北大路書房，17-28。

中間玲子・杉村和美・畑野快・溝上慎一・都筑学（2014）「多次元アイデンティティ発達尺度（DIDS）によるアイデンティティ発達の検討と類型化の試み」『心理学研究』85：549-559.

西平直喜（1990）『成人になること：生育史心理学から』東京大学出版会.

日本学校保健会，文部科学省スポーツ・青少年局学校健康教育課監修（2015）

『児童生徒等の健康診断マニュアル　平成27年度改訂』公益財団法人日本学校保健会.

https://www.gakkohoken.jp/book/ebook/ebook_H270030/index_h5.html#69

日原尚吾・杉村和美（2017）「20答法を用いた青年の否定的アイデンティティの検討──量的・質的データによる分析」『発達心理学研究』28：84-95.

平石賢二（2011）「思春期の反抗と親のストレス」『教育と医学』59：430-436.

保坂亨・岡村達也（1986）「キャンパス・エンカウンター・グループの発達的・治療的意義の検討」『心理臨床学研究』4：15-26.

松井豊（1990）「友人関係の機能」斎藤耕二・菊池章夫編著『社会化の心理学ハンドブック』川島書店，283-296.

三好昭子（2017）「アイデンティティの発達」高坂康雅・池田幸恭・三好昭子編著『レクチャー青年心理学』風間書房，63-78.

文部科学省（2011）『小学校キャリア教育の手引き（改訂版）』教育出版：21。

https://www.mext.go.jp/component/a_menu/education/detail/__icsFiles/afieldfile/2012/05/21/1320712_04.pdf

Arnett, J.J. (2004) *Emerging adulthood. The winding road from the late teens through the twenties.* Oxford University Press.

Baltes, P. B. (1997) "On the incomplete architecture of human ontogeny: Selection, optimization, and compensation as foundation of developmental theory." *The American Psychologist*, 52, 366-380.

Erikson, E.H. (1959) *Identity and the life cycle.* New York: International Universities Press. （エリクソン, E. H., 西平直・中島由恵訳（2011）『アイデンティティとライフサイクル』誠信書房.）

Erikson, E.H. (1968) *Identity: youth and crisis.* New York: Norton & Company, Inc. （エリクソン, E. H., 中島由恵訳（2017）『アイデンティティ──青年と危機』新曜社.）

Hollingworth, L. S. (1928) *The psychology of the adolescent.* New York: Appleton

Horn, J. L., & Cattell, R. B. (1967) "Age differences in fluid and crystallized intelligence," *Acta Psychologica*, 26, 107-129.

Marcia, J. E. (1966) " Development and validation of ego identity status." *Journal of Personality and Social Psychology*, 3, 551-558.

Piaget, J., & Inhelder, B. (1956) *The children's conception of space.* London: Routledge & Kegan Paul.

Super, D.E. (1990) A life-span, life-space approach to career development. In D. Brown, L. Brooks, & Associates. *Career choice and development.* 2nd ed., Jossey-Bass.

（小高　恵）

コラム2　遺伝と環境

　人間あるいは生物の発達にどのような要因が影響を与えるのかという，「遺伝か環境か」という問いを巡っては，古代ギリシアから今日に至るまで，さまざまな説明がなされてきた。

① 生得説：人間や生物のあらゆる形質（形態，行動，あるいは人間のもつ認識や概念など）は，環境の影響を受けながら漸成的に形成されるのではなく，生まれつき内在する遺伝的なものが自発的に発現したものとする考え方。「カエルの子はカエル」「瓜のつるに茄子はならぬ」など，同じような意味の言葉がさまざまな国で見られる。

② 成熟優位説：発達的変化には訓練や教育などの外在的要因と生物学的成熟といった内在的要因があり，後者の要因の影響力の相対的な優位性を主張する理論。ゲゼルらは双生児を用いた実験をとおして，訓練が効果を持つためには，その前提として子どもの側に，遺伝的に組み込まれた内的神経生理的な準備，すなわちレディネスがなければならないことを主張した。

③ 環境説：人間や生物一般の発達や個人差の規定要因として，遺伝・素質やそれに基づく成熟ではなく，環境や学習を重視する考え方。古くは，人の発達を，経験が白紙の上に書き込まれる様にたとえたタブラ・ラサの考え方に見られる。また，古典的行動主義心理学者のワトソンの，「1ダースの健康な子どもが与えられれば，環境によってお好みの専門家──医者，弁護士，芸術家，実業家，さらに乞食や泥棒──に，その才能，趣味，傾向，能力，先祖の民族に関係なく仕込むことを受け合う」という言葉にも，環境説の考え方を見て取ることができる。

④ 輻輳説：シュテルンが唱えた考え方であり，発達は，単に個人の遺伝的・内的性質が発現したものでもなければ，環境的・外的影響を受動的に受け入れた結果でもなく，両要因が加算的に働いて規定されているというもの。当初は遺伝か環境下という論争に終止符を打つものであると考えられたが，その後，発達は遺伝と環境との単なる加算的効果によって静的に規定されるのではなく，両者のダイナミックな相互作用の過程が明らかにされなければならないとの指摘もなされている。

⑤ 環境閾値説：発達には，特性によって環境条件の働き方が異なり，遺伝的な特性が発現するかどうかは，環境条件が，特性ごとに決まっている閾値（一定の水準）を超えるかどうかによるという考え方で，ジェンセンが唱えた。たとえば身長は環境要因の閾値がかなり低いと考えられ，必要最低限の栄養さえ取っていれば，遺伝的に規定されたレベルまで発達すると考えられる。逆に語学や楽器の演奏などは閾値が高く，かなり恵まれた環境が整えられて初めて可能性が開花すると考えられる。

⑥ 相互作用説：個体にある種の学習が成立すると，個体内に変化が生じ，それ以後になされる経験は，もしそれが以前になされたとした場合とは異なった影響を個体に及ぼす。また，経験の影響は個体の成熟の状態によって規定され，同じ経験でも発達のどのような時期におけるものなのかによって効果は異なる。このように，遺伝要因と環境要因が互いにダイナミックに作用し合う点を強調する考え方の総称が相互作用説である。

⑦ 発達の最近接領域：ヴィゴツキーは，子どもの知的発達の水準を二つに分けて考えることを提唱した。一つは，子どもが自分だけで問題解決できる水準であり，もう一つは，他者からの援助や協同によって達成が可能になる水準である。言い換えると，前者は子どもがすでに到達した水準，後者は到達しつつある水準である。この二つの水準のずれの範囲を発達の最近接領域と呼んだ。そして，子どもの発達における教授・学習は，すでに子どもが到達した水準を利用するのではなく，子どもの発達の最近接領域に適合し，また最近接領域を創造するものであるべきであるとヴィゴツキーは考えた。

⑧ **生態学的環境モデル**：ブロンフェンブレンナーが唱えた考え方で，子どもを取り巻く周囲の環境を，一つのシステムを持った生態系学的環境としてとらえるものである。この生態学的環境は4層からなる入れ子構造となっており，個人とそれらの絶え間ない相互作用をとおして人間の発達が起こるとした。その生態学的環境は，子どもを取り巻く家庭や学校などの直接的な対人的物理的環境であるマイクロシステム，家庭と学校など，子供が活動する複数のマイクロシステム間の関係であるメゾシステム，親の職場や地域の教育委員会の活動など，直接的と言うよりも間接的に子どもの発達に影響を与える環境であるエクソシステム，それら3つの背景となる信念体系やイデオロギーなど，その文化や社会全体の一貫性を支える背景となっているマクロシステムからなる。ブロンフェンブレンナーは，このモデルを通して，人間の発達が，成長しつつある有機体としての人間と環境との相互作用の所産であるとの前提に立った上で，生活している環境の中で人間の発達を形づくるさまざまな力を科学的に理解するための新しい視点を提供した。

参考文献

岡本夏木・清水御代明・村井潤一監修（2003）『発達心理学辞典』ミネルヴァ書房.

中島義明・安藤清志・子安増生・坂野雄二・繁桝算男・立花政夫・箱田裕司編（1999）『心理学辞典』有斐閣.

ヴィゴツキー著，土井捷三・神谷栄司訳（2003）『「発達の最近接領域」の理論──教授・学習過程における子どもの発達』三学出版

鎌原雅彦・竹綱誠一郎著（2005）『やさしい教育心理学〔改訂版〕』有斐閣

ブロンフェンブレンナー著，磯貝芳郎・福富護訳（1996）『人間発達の生態学』川島書店

（稲田達也）

第5章　家族・家庭の意義と機能

　子どもとその家庭への援助的な支援を実際に行うためには，それに先立って，「家族」とか「家庭」について，それが何であるかを理解しておくことが不可欠である。そこで本章では，まずこうした「家族」「家庭」の定義と機能について，次にそれに関する重要な代表的理論である家族システム理論，生態学的システム理論について，そして家族理解を深めるための有効なツール・技法であるジェノグラム，エコマップについて学ぶことにする。

1．家族・家庭の定義と機能

（1）家族とは何か

　家族社会学の立場から，森岡・望月（1997）は家族とは何かを以下のように定義している。

> 　家族とは，夫婦・親子・きょうだいなど少数の近親者を主要な成員とし，成員相互の深い感情的包絡で結ばれた，第一次的な福祉追及の集団である。

　この定義を基にすると，「家族」は，① 夫婦・親子・きょうだいなど少数の近親者によって構成されていること，② 成員相互の深い感情的関わりあいで結ばれていること，③ 第一次的な幸福追求の集団，から成立しているといえる。

　近年，血縁関係だけによらない家族構成員，LGBT[*] のカップルや，場合によってはペットも大切な家族の一員であるという認識が広がり，家族という概念は多様化，複雑化している。

> 　＊LGBT の4文字は次のことばの頭文字が由来になっている。Lesbian（レズビアン，女性同性愛者），Gay（ゲイ，男性同性愛者），Bisexual（バイセクシャル，両性愛者），Transgender（トランスジェンダー，性別越境者）。

（2）家庭とは何か

　「家庭」とは，『広辞苑（第七版）』（2018）によると「夫婦・親子など家族が一緒に生活する集まり。また家族が生活する場所。」とされている。ただし，家庭は単なる物理的な場所・空間ではなく，本来，人がほっとすることができたり，安らぎを感じることができるといった，生活の拠点としての温

かい雰囲気をも有している場所であるといえよう。

（3）家族・家庭の機能

　家庭とは，家族の成員が互いに深い感情的なつながりをもちながら共に生活を営む場所であり，その基本的機能としては，衣食住の提供や，家族成員の情緒の安定や保護，生殖的機能，子どもの養育や教育，安全の保障や社会性の醸成促進などが挙げられる。以下では，特に子どもの健全な成長に必要とされる心理的側面で家族が果たす機能（本来の役割）についてみていくことにする。

　　　① 思考・感情・行動の基礎になる：家族は子どもが成長する過程において，物事の考え方や解釈の仕方のパターン形成，また感情とは何かの理解や感情の取り扱い方の傾向，そして行動様式のあり方の基礎となり，肯定的，否定的意味においても大きな影響を与える。

　　　② 関係（絆・つながり）の基礎になる：先にも述べたように，家族は本来互いの深い感情的結びつきを形成しながら一緒に生活していくのであるが，そのプロセスを通して，家族は人が他者とつながるとはどういうことであるのかを体験的に学習すること，また，他者とのつながりの傾向（パターン）の基礎となる。

　　　③ 親密な関係を提供し，その意義を教えてくれる：家族は深い感情的なつながりを介し，安定した親密な関係を提供することで，基本的信頼感の醸成をはじめ，子どもの社会性を高め，そのつながりの中で生きることの重要な意義を体験的に教える役割をもっている。また，他者との関係性の構築とその維持に必要な肯定的態度を子どもの内に養うための基盤となる。

　　　④ 資源（リソース）になる：家族は，子どもが社会で生きていく上でさまざまな事柄に対処していくために必要な方法・スキルともいえる資源（リソース・力の源）を提供する。

　ただし，現代においては，上述した家庭が本来有している役割が十分に機能しているとは言い難い家族も増加しつつあると思われる。家庭に対して支援を行う者は，家族の機能，あり方も時代とともに変化していることを念頭に置き柔軟性をもって関わりつつも，家庭の機能を高めていくための働きかけとはどのようなものであるかを常に自らに問いかけながら，支援の実践に取り組む必要があるだろう。

2．家族システム理論と生態学的システム理論

　ここでは，家族を理解していくための道筋をつけて組み立てられた理論的枠組みである，家族システム理論と生態学的システム理論を紹介し，それぞれについてみていくことにする。

（1）家族システム理論

　心理学における家族への支援の実践の多く（家族療法）は，家族システム理論の観点に基礎を置き実施される。家族システム理論は，家族を個々人の単なる集合体ではなく，一つの有機的なシステムとしてとらえ，家族内に起こる複雑でさまざまな現象は，その家族を取り巻く現在の環境と多世代的な家族のシステムから生じたものだと理解しようとする。つまり，家族内におけるある現象は，単一の要素から構成されているととらえるのではなく，複数の複雑な構成要素から成り立っており，それらが互いに作用しあって起きている事柄であるとし，家族全体の間の相互作用，関係性のあり方に焦点を当て，それを理解しようとするのである。

　家族心理学という学問では，家族を相互作用性をもった一つのシステムとしてとらえる。その家族システムの中に夫婦，親子，兄弟姉妹などのサブシステムが存在する。家族システム理論は，システムのどこか一部分の変化はシステム全体に影響を与えるという前提に基づいている。

（2）家族システム理論から見た家族理解

　家族システム理論は，問題行動やなんらかの症状を示している家族システムの構成員（人）を Identified Patient（IP）と呼び，その問題行動や症状を個人の問題として理解するのではなく，家族というシステムの機能不全の表れであると理解する。そして，その機能不全は往々にして何世代にもわたってその家族に受け継がれてきた（世代間伝承的）行動や関わりのパターンだととらえる。

　コーリーら（Corey, Corey, 1998）によると，システム理論に基づいた家族理解のアプローチの最たる貢献は，特定の機能不全に対して，個人が悪いのでもなければ家族が悪いわけでもないと明示した点にあるといえる。家族は，相互作用パターンを探求し同定するプロセスを通じて力を付与（エンパワー）される。家族の中に変化をもたらすためには，あるいは家族メンバーの関係に変化を生み出すためには，家族は，自分たちに影響を与えているシステムの存在に気づかなければならない。

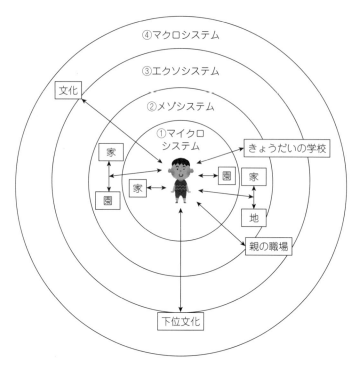

①マイクロシステム

②メソシステム

③エクソシステム

④マクロシステム

文化

家

園

家

園

きょうだいの学校

園 家

地

親の職場

下位文化

図5-1　生態学的システム理論

出典：ブロンフェンブレンナー（1996）をもとに筆者が作成.

　家族療法に代表される現代の家族支援のアプローチでは，家族メンバー一人ひとりの人間性を理解することが強調される。家族システムは家族メンバーに影響を与えるが，実際の支援に際しては，支援者による，その影響を受けているメンバー一人ひとりの人間理解が重要となる。このような理解に基づくことにより，個人や家族のアセスメント，そして実際の支援にそれまでとは大きく異なる方向が生まれることになるのである。

（3）生態学的システム理論

　生態学的システム理論（図5-1）とは，ブロンフェンブレンナーによって提唱された発達理論である。ブロンフェンブレンナーは，その理論の基盤として，人が生活する中での社会的な環境変化が人の発達の変化につながるとしている。つまり，人の発達をとらえるとき，その個人にのみ焦点を当てるのではなく，人と環境（システム）との複雑な相互作用という視点で発達を理解することの重要性を強調している。

　生態学的システム理論では，人の成長について，人はその誕生からすでに社会の一員として生活するのであって，社会の環境というシステムの中で，時間の経過とともにその人の成長も多様な影響を受けると理解する。

ではそれらのシステムとはどのようなものであろうか。以下に，ブロンフェンブレンナーが提唱した 4 つの社会環境システムについて概説する。

① マイクロシステム：その人にとって中核をなす第 1 のシステムで，一番身近な周りの環境のことを指す。子どもの場合，親，家庭，保育所（園）などがそれにあたる。

② メゾシステム：第 2 のシステムで，家庭と園など，子どもが直接的に関わる 2 者間以上の相互関係から成り立っているシステム。

③ エクソシステム：第 3 のシステムで，その子どもは直接的には関わらない，参加していないが，他の人を介して，その子どもに影響を与えるシステムのことを指し，例として，きょうだいが通っている学校や親の職場，きょうだいや親の交友関係，地域の活動などを挙げることができる。

④ マクロシステム：第 4 のシステムで，マイクロシステム，メゾシステム，エクソシステムの形態や内容の一貫性により示されるシステムであり，国や文化，下位文化などがその例にあたる。

3. 家族理解のための有効なツール・技法

子どもや家族の支援を行う際，支援者はまずその家族を理解しようと努めることが必要不可欠である。一様に家族といっても，そのあり方は実に多様であり，それぞれの家族にはそれぞれの文化があることを忘れてはならない。そればかりか，先の項目でも触れたとおり，さまざまな出来事や独自の環境などの要因が家族に相互作用的な影響を与えている。

そのように複雑性を有する家族の理解を試みるにあたり，個々の家族の成り立ちの歴史，関係性のパターンや家族を取り巻く環境を理解するための代表的な有効的ツール・技法にジェノグラムとエコマップがある。

(1) ジェノグラム

ジェノグラム（家族図）は，支援の当事者である IP を中心とした多世代の家族の関係性を理解するために作成される図のことであり，教育，保育，心理，福祉，医療など多領域において活用される家族理解のための有効なツール・技法の一つである。

ジェノグラムは，家族理解のために重要なアセスメントや，実際の支援実践の両面から有用である。活用の方法は，その目的によって異なる場合があるが，本来，家族の構成を端的に図解することにとどまらず，家族成員の年齢，成員同士の関係性，行動の特性，職業，健康状態，個人の過去の重要な

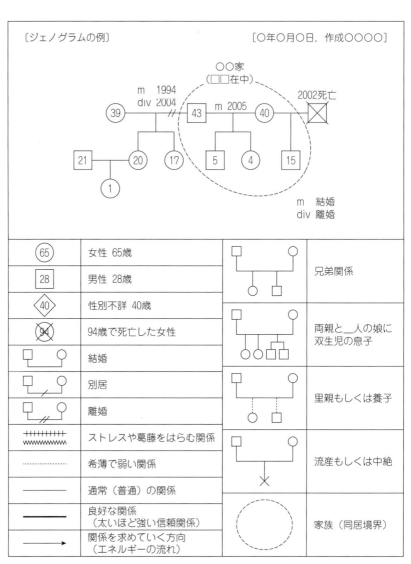

〔ジェノグラムの例〕　　　　　　　　　　　　　〔〇年〇月〇日，作成〇〇〇〇〕

〇〇家
（□□在中）

m　1994
div　2004　　　　　m 2005　　　　　　　2002死亡

m　結婚
div　離婚

65	女性 65歳
28	男性 28歳
40	性別不詳 40歳
94	94歳で死亡した女性
結婚	
別居	
離婚	
┼┼┼┼┼	ストレスや葛藤をはらむ関係
··········	希薄で弱い関係
———	通常（普通）の関係
━━━	良好な関係（太いほど強い信頼関係）
——→	関係を求めていく方向（エネルギーの流れ）

兄弟関係	
両親と＿人の娘に双生児の息子	
里親もしくは養子	
流産もしくは中絶	
家族（同居境界）	

図5-2　マッピング技法 ジェノグラム

出典：中嶌・園川（2015）.

出来事などを含む多様な情報を描きこむことが可能であり，それにより，その家族の中に世代をまたいで流れる特有の伝統や価値観，関係性のパターン（肯定的・否定的なもの両面を含む）の理解を助けてくれる（図5-2）。

（2）エコマップ

　エコマップとは，支援の当事者を中心として，その人を取り巻く家族，保育所（園），学校，地域などの社会資源との相関関係を図式化して表現した地図のことであり，エコロジーマップ（生態地図）とも呼ばれる。

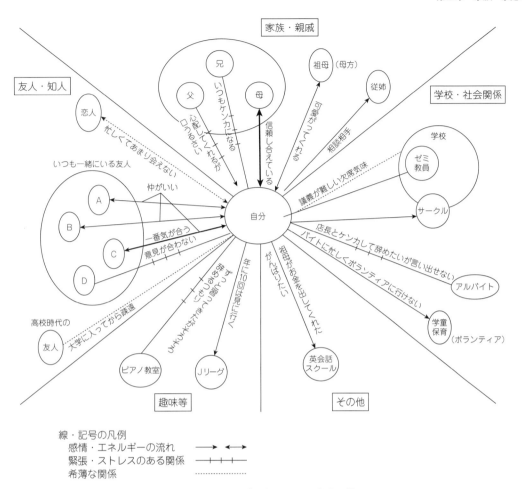

線・記号の凡例
　　感情・エネルギーの流れ　　→　　←→
　　緊張・ストレスのある関係　　─┼┼┼─
　　希薄な関係　　　　　　　　　　………………

図5-3エコマップ　自分を取り巻く環境

出典：山田（2003）.

　主にソーシャルワーク，保育，教育，心理，医療などの分野において，支援記録を作成するために使用され，支援のためのニーズや支援対象者を実際に支援する際に，活用することが可能な社会資源がどこにあり，どのようなものであるかを把握する手段として有効なツール・技法である（図5-3）。

┌─ **演習問題** ──────────────────┐
　1．家族・家庭の定義と機能についてのポイントを挙げてみよう。
　2．家族システム理論と生態学的システム理論の重要なポイントを自分の
　　言葉で説明してみよう。
　3．自らのジェノグラム，エコマップを作成してみよう。
└──────────────────────────┘

参考・引用文献

コーリィ，M. S.／コーリィ，J.，下山晴彦監訳（2004）『心理援助の専門職として働くために臨床心理士・カウンセラー・PSW の実践テキスト』金剛出版.

中嶌洋・園川緑編（2015）『保育・社会福祉学生のための相談援助演習入門』萌文書林.

新村出編（2018）『広辞苑　第七版』岩波書店.

ブロンフェンブレンナー，U.，磯貝芳郎・福富護訳（1996）『人間発達の生態学（エコロジー）——発達心理学への挑戦』川島書店.

森岡清美・望月嵩（1997）『新しい家族社会学　4 訂版』培風館.

山田容（2003）『ワークブック 社会福祉援助技術演習① 対人援助の基礎』ミネルヴァ書房.

Corey, M. S., Corey, G. (1998) *Becoming a Helper, Third Edition*, Books/Cole Publishing Company.

（小山　顕）

コラム3　子どもの自律性を育てる家庭支援

　家庭において，子どもが自分で考え行動する力をどのように育てることができるだろうか。ここでは子どもの自律性の発達という観点から考えたい。

　ピアジェ（Piaget, J., 1954）は，子どもが「よい」「悪い」をどのように判断するかを研究する中で，道徳性は他律的から自律的に発達することを明らかにした。他律とは，他からの指示に従い，決められた規範や与えられたルールのままに行動することである。善悪を判断する基準が自分以外のところにあるといえる。それに対して自律とは，決められたことにそのまま従うのではなく，どうすべきかを自分自身で判断し行動できる能力をいう。社会生活の中にはさまざまなルールや規範があるが，それに従うかどうかは一人ひとりのモラルに任されている。人から指示されるからルールを守るのではなく，どう行動するべきかを自ら判断できるような人間が自律的であるといえる。

　乳幼児は，まだ自分だけで判断できないことが多く，さまざまなルールを大人から学んでいく発達段階であるため，どの子どもも初めは他律的だといえる。しかし，自分の考えをもち，少しずつ自律に向かって歩み始めるのも乳幼児期である。その発達のために何ができるだろうか。

　自律性は，年齢とともに自然に発達するものではなく，子どもが家庭や園・学校において，自分で考えて決めることをいかに多く経験できるかが重要になる（デヴリーズ＆ザン，2002）。ピアジェは，そのような発達には，子どもと大人の間の関係が大きく影響するとした。子どもはまだ何もできないと考え，大人が決めたルールや基準に一方的に従わせようとする関係は，子どもの他律性をより強めてしまう。それに対して，自律性が促される関係は，子どもは子どもなりの考えや感じ方をもつという視点に立ち，それを受け止め，失敗しながらも子ども自身で学んでいくことを尊重するものである。大人に従順であることだけが求められる子どもは，指示なしには行動できなくなり，他律から脱することができない。できるだけ自分で決めて行動するように励まされなければ，自ら判断する力や，自分を統制する力は育たないのである。

　子どもが「悪いこと」をしてしまった時，大人はどのように反応するだろうか。多くの場合，その行為を繰り返さないように，外的な賞罰でコントロールしようとするのではないか。ピアジェは，子どもが嘘をついた時におやつを取り上げるような罰は，その行為と罰の間に何ら関係がなく，子どもをこらしめるためだけに与えるものだとする。子どもは，大人に叱られないことや，ばれないことばかりを考えるようになってしまう。それに対して，嘘をつくことにより相手から信用されなくなることは，当然の結果として起こることであり，行為と罰の間に因果関係が存在する。自分の行為が周囲にどのような影響を及ぼすかを考えるよう促すことで，子どもは少しずつ行動の結果を予測し，「どうするべきか」を自分で決められるようになっていくのである。

　家庭において，保護者が「こうしなさい」「早くしなさい」と子どもに指示ばかりをしてしまうことが多いのではないだろうか。保護者は子どもを支配したり，一方的に強制したりするのではなく，自分の考えをもち，自律的に判断しようとする子どもを支える存在であってほしい。乳幼児なりに「どうすればよいか」を考えられる場面は日常生活にも多くある。できるだけ子どもが自分で決められることを増やしてあげたい。低年齢児であれば，選択肢の中から選ぶことだけでも，大人の考えを押し付けず，子ども自身が決めることになる。そして，たとえ失敗をしても，子どもの思いを受け止め，励ますことである。そのような経験を通して，ただ与えられた指示に従う姿から，人に頼らなくても自分で決められる，自信をもって行動できる姿に育っていくだろう。

　園での生活において，子どもが自律に向かって育つことを大切にする保育者は，時間がかかっても自分で

やってみようする乳幼児を見守り支えるだろう。その
ような保育者の姿を見て，保護者が学ぶことは多い。
子どもの思いを受け止め，子どもが自分で決める力を
信じることの大切さを子育て家庭に伝えていくことが，
保育の専門性を生かした家庭支援につながる。

引用文献
デヴリーズ，R., & ザン, B., 橋本祐子・加藤泰彦・玉
置哲淳監訳（2002）『子どもたちとつくりだす道
徳的なクラス—構成論による保育実践』大学教育
出版.
ピアジェ，J., 大伴茂訳（1954）『児童道徳判断の発
達』同文書院.

（橋本祐子）

第6章　子育て家庭を取り巻く社会的状況と課題

　今日，晩婚化や少子化が進行する社会的状況の中で，結婚や出産に関わって，いろいろな対策が講じられているが，これと連動して，子育てや子育て家庭をめぐっても，深刻な問題が生じており，またそうした課題に対して，子ども・子育て支援新制度を始めとして，さまざまな子育て支援の試みがなされている。本章では，少子化や子育ての実態を踏まえた上で，子育て支援の現状や課題について学ぶことにする。

1．少子化の実態

（1）出生数の減少

　少子高齢化問題や人口減少問題は，日本社会の根底を揺るがす喫緊の課題である。国立社会保障・人口問題研究所によると，2015（平成27）年時点で１億2,709万人の人口は2065年には8,808万人になると推測されており，人口はこの先の50年で約30％も減少する計算になる。結婚や出産は個人の問題でありながらも，国として社会が継続していくために見過ごせない課題なのである。

　少子化の実態を詳しく見ていくと，日本の出生数は，2016（平成28）年にはじめて100万人を下回り，2019（令和元）年度にはやくも90万人を下回った。図6-1を見ると，第１次ベビーブーム（1947（昭和22）年〜1949（昭和24）年）には年間約270万人の子どもが誕生している。第１次ベビーブーム世代が出産適齢期を迎えると，第２次ベビーブーム（1971（昭和46）年〜1974（昭和49）年）が起こり，第１次ベビーブームより減少しているものの，年間約210万人の子どもたちが誕生している。厚生労働省が発表した人口動態統計の年間推計によると，2019（令和元）年の出生数は86万4,000人で，約70年前の第１次ベビーブームと比べると生まれる子どもの数は３分の１以下にまで低下している。

　少子化の指標として度々取り上げられる合計特殊出生率は，2005（平成17）年の1.26が最低で，その後微増傾向にあるが，親となる世代の人口の減少に伴い，出生数は急激に低下し続けているのである。

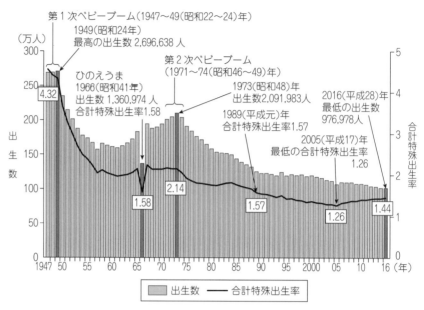

図6-1 出生数及び合計特殊出生率の推移

出典：内閣府（2019：5）.

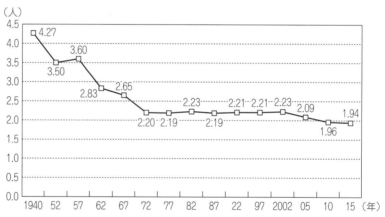

図6-2 各回調査における夫婦の完結出生児数（結婚持続期間15～19年）

出典：内閣府（2019：18）.

（2）少子化対策としての未婚化対策

　少子化は未婚化の影響が大きい。日本では，合計特殊出生率を挙げて，1人の女性が生む子どもの数が減ったと認識されている。しかし，図6-2を見ると，夫婦の子どもの数を示す完結出生児数（結婚持続期間が15～19年の初婚どうしの夫婦の平均出生子ども数）はやや減少しているものの，1970年代から2人前後で大きく変わっていない。一方で，国立社会保障・人口問題研究所によると，2015（平成27）年時点で男性の4人に1人，女性の7人に

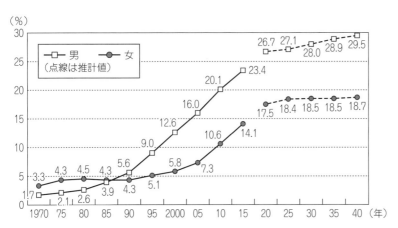

（％）

図6-3　50歳時の未婚割合の推移と将来推計

出典：内閣府（2019：15）．

1人が50歳になるまで一度も結婚したことがなく，予測では2035年には男性の3人に1人，女性の5人に1人に上昇する。図6-3を見てみると，1970（昭和45）年の生涯未婚率は男性が1.7％，女性が3.3％であり，過去にはほとんどの人が結婚している時代があったことがわかる。

　①結婚したカップルの子どもの数が大きく減少していない，②結婚する人が大幅に減ったという2つの事実から，少子化の最大の要因は結婚しない人が増加したことであるといえる。

　なお，未婚のまま子どもを産む女性もいるが，日本では約2％程度で推移しており，少子化を語る上で結婚しない若者が増えているという問題は避けて通れない。

（3）晩婚化による晩産化と不妊治療

　日本では晩婚化が顕著である。図6-4を見ると，2017（平成29）年の平均初婚年齢は，夫31.1歳，妻29.4歳であり，1985（昭和60）年と比べると夫は2.9歳，妻が3.9歳上昇している。

　晩婚化が進むことで，女性が第一子を産む年齢も上昇している。1975（昭和50）年には女性の第一子出産時の平均年齢は25.7歳であったが，2011（平成23）年以降は平均30歳を超えており，初産の年齢は40年の間に約5歳上昇した。また全出産の4人に1人は35歳以上である。

　日本産婦人科学会では，現在35歳以上ではじめて出産する人を高年初産婦としているが，1992（平成4）年までは30歳以上とされていた。医療の進化は目覚ましいが，女性の妊娠する力である妊孕性には変化がないため，男女

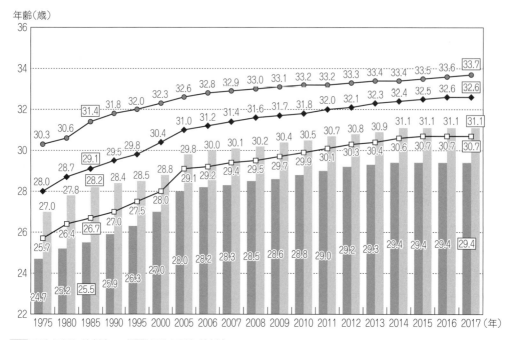

図6-4　平均初婚年齢と出生順位別母の平均年齢の年次推移

出典：内閣府（2019：16）.

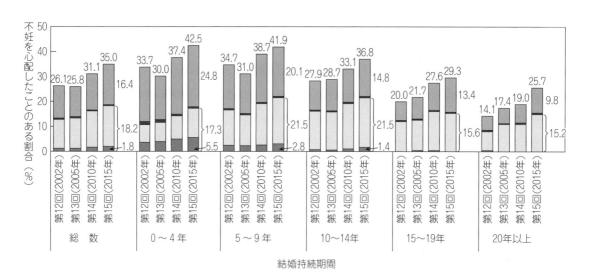

図6-5　調査・結婚持続期間別にみた，不妊について心配したことのある夫婦の割合と治療経験

注：対象は初婚どうしの夫婦。総数には結婚持続期間不詳を含む。
出典：国立社会保障・人口問題研究所「第15回出生動向基本調査（2015年）」

ともに年齢が上昇するにつれ，子どもは授かりにくくなる。国立社会保障・
人口問題研究所によると，30代後半で結婚すると，子どもを一人授かるのに
20代の2倍の年月がかかる。また，高齢での結婚が増えたことで，自然に子
どもを授かることが難しいカップルも増加しており，不妊について心配した
ことのある夫婦は35.0%，検査・治療を経験している夫婦は18.2%であり，
現在5.5組に1組の夫婦が不妊治療を経験している（図6-5）。

（4）結婚や出産の希望が叶うための対策

　令和元年版少子化社会対策白書によると，未婚の若者（18〜34歳）に結婚
する意識について尋ねた結果，「いずれ結婚するつもり」と答えた若者は男
性85.7%，女性89.3%であり，9割近くの若者が結婚することを希望してい
ることがわかる。だが，50歳時点で一度も結婚したことのない人の割合は
2015（平成27）年現在男性24.2%，女性14.9%であり，何かしらのハードル
があることで結婚の希望が叶っていない人が一定数いることがわかる（図
6-3）。

　同白書によると，未婚の若者（20代〜40代）にどのような状況になれば結
婚するか尋ねた結果，数値が高い順に見ると，「経済的に余裕ができること」
が42.4%，「異性と知り合う（出会う）機会があること」36.1%であった。

　経済的な問題では，女性が結婚相手に求める年収と実際の男性の年収に開
きがある。同白書によると，未婚の男性の年収でもっとも多いのは「300万
円から400万円」であるが，女性が結婚相手に求める年収でもっとも多いの
は「400万円から500万円」であり，希望と現実に開きがある。とくに非正規
雇用で働いている男性の未婚率は高く，経済問題と未婚問題には関連がある。

　また，今結婚していない理由として結婚に適当な相手にめぐり会わないと
回答した者に具体的な内容を聞いた質問では，「そもそも身近に，自分と同
世代の未婚者が少ない（いない）ため，出会いの機会がほとんどない」が
42.6%であり，結婚相手に巡り合う機会がないことがわかった。また，その
ために具体的に何か活動をしているか尋ねた質問では，約6割が「特に何も
行動を起こしていない」と答えている。

　政府は少子化対策として若者の結婚支援を推進しており，地方自治体では
男女の出会いサポート事業などが実施されている。しかし，出会いがないこ
とだけが結婚の課題ではない。今後，若者ひとりひとりのニーズを多角的に
とらえ，結婚したい若者が結婚できる社会にしていく必要がある。

　結婚し，子どもがほしいと思っていても希望通りに授かることが難しい人
もいる。先に見たように，今日では晩婚化の影響もあり，不妊に悩むカップ
ルは増加傾向にある。不妊の原因は女性だけにあるのではなく，半分は男性

にもある。体外受精など高度な不妊治療には医療保険が適用されず，一部助成金はあるものの十分ではない。そのため，金銭的な問題から治療を継続できず，子どもをあきらめざるを得ないカップルもいる。また不妊治療では月のうち，週に何度も通院が必要な時期があり，どれだけの期間治療を続ければよいのかも含めて見通しをたてることが難しい。そのため，治療を受けながら女性が働き続けるには職場の理解が欠かせないが，NPO 法人 Fine の「仕事と不妊治療の両立に関するアンケート Part 2」によると，仕事をしながら不妊治療を経験したことのある人のうち95.6％が「両立は困難」と回答している。さらに仕事との両立が困難で働き方を変えざるを得なかった人のうち50.1％が「退職」を選択しており，子どもを授かるためにそれまで培ってきたものを手放すしか方法のない状況に置かれる人が多いことがわかる。子どもを授かりたいと願う人たちの声にも真摯に向き合う必要がある。

　なお，高度生殖医療で生まれる子どもたちも増加傾向にあり，現在では24人に 1 人が体外受精によって誕生している。

２．子育ての実態

（1）親の子育ての意識

　現代の親は子育てにどのような意識をもっているのだろうか。ベネッセ次世代育成研究所の「第 2 回妊娠出産子育て基本調査（横断調査）報告書」によると，母親への調査において，「子どもを育てることに充実感を味わっている」という質問では，「あてはまる」，「ややあてはまる」の合計が85.8％であり，多くの母親が子育てで充実感を感じていることがわかる。一方で，「子育てに自信が持てるようになった」について「あてはまる」，「ややあてはまる」と回答したのは32.7％にとどまり，自信をもって子育てしている母親は少ないことがわかる。また，「子どもがうまく育っているか不安になる」に「あてはまる」，「ややあてはまる」に回答した母親は48.0％と約半数にのぼり，子育てにおいて，充実感をもちつつ，これでよいのかと自身の育児に自信がもてず，不安を抱えながら育児をしている様が読み取れる（図 6 - 6）。

（2）子育て経験なく，不確かな情報があふれる中での育児

　地域社会が希薄化する中で，子育て世代の多くは，自身の子どもが生まれるまで子どもの世話をする経験がない。横浜市の調査では，実に74％の母親が「はじめて子どもが生まれるまでに赤ちゃんの世話をしたことがない」と回答している。そのような状態にあって，多くの親が子育てで行き詰った時にインターネットで情報を検索している。インターネット上では簡単に情報

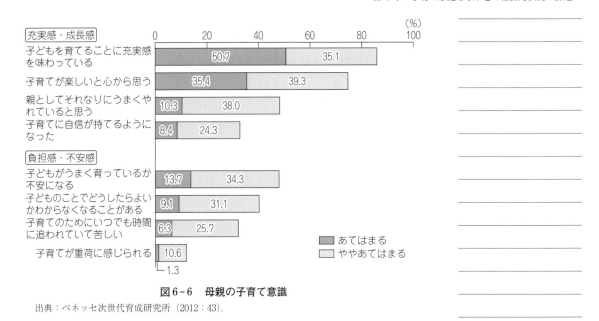

図 6-6　母親の子育て意識

出典：ベネッセ次世代育成研究所（2012：43）.

を検索できるが，不確かな情報も氾濫しており，調べれば調べるほど不安になる，間違った情報に惑わされるといった悪循環が起こっている。

（3）ワンオペレーション（ワンオペ）育児とイクメンの実態

　ワンオペレーション育児，通称ワンオペ育児とは，家事や育児の負担をすべて妻が担っているような状態を指す。総務省による「労働力調査」によると，日本では週60時間以上の長時間労働をしている男性は2005（平成17）年以降減少傾向にあるが，30代，40代男性の労働時間は他の年代と比べて長く，15％近くが週60時間以上働いており，父親のワークライフバランスが取れていないことで母親の負担が大きくなっていることが考えられる。

　このような状況を危惧した厚生労働省は，2010（平成22）年6月に，男性の子育て参加や育児休業取得の促進等を目的とした「イクメンプロジェクト」をスタートさせ，イクメンという言葉を流行らせると同時に，男性の育児休業取得率の増加を目指した。2010（平成22）年に1.23％だった男性の育児休業率は，「平成30年度雇用均等基本調査（速報版）」によると，6.16％で，同年の女性の82.2％（仕事を辞めない選択肢をした人のうち）と比べて低い。国は「2020年までに男性の育児休業取得率13％」という目標を掲げていたが，目標値の半分にもとどいていない。男性が育児休業制度を利用するには職場の理解が欠かせないが，三菱 UFJ リサーチ＆コンサルティングが発表した「平成29年度労働者調査」によると，育児休業を取得しなかった理由では，「会社で育児休業制度が整備されていなかった」，「職場が育児休業を取得し

（妻）　　　　　　　　　　　　　　　　　　（夫）　（時間）

8:00 7:00 6:00 5:00 4:00 3:00 2:00 1:00 0:00　　　　0:00 1:00 2:00 3:00 4:00

国	家事・育児関連時間（妻）	うち育児の時間（妻）	家事・育児関連時間（夫）	うち育児の時間（夫）
日本	7:34	3:45	1:23	0:49
アメリカ	5:40	2:18	3:10	1:20
イギリス	6:09	2:22	2:46	1:00
フランス	5:49	1:57	2:30	0:40
ドイツ	6:11	2:18	3:00	0:59
スウェーデン	5:29	2:10	3:21	1:07
ノルウェー	5:26	2:17	3:12	1:13

■家事・育児関連時間　□うち育児の時間

図6-7　6歳未満の子供を持つ夫婦の家事・育児関連時間（1日当たり・国際比較）
出典：内閣府（2019：30）.

づらい雰囲気だった」の割合が高い。

　また，イクメンという用語は浸透しているが，内閣府の資料によると，6歳未満の子どもをもつ夫の家事・育児関連時間はわずか平均1時間23分で女性の平均7時間34分と比べて圧倒的に少ない（図6-7）。幼い子どもを抱えて共働きをするには，夫婦で家事・育児を分担する必要がある。だが，夫が外で働き妻がそれを支えるという旧来の価値観が社会に残っており，夫が家事・育児を「手伝う」レベルでイクメンが語られている。

　これは単純に父親の意識が低いという問題ではなく，会社では以前のような長時間労働が若い父親に期待されていて，男性も女性と同じように家庭と仕事双方の期待の中で板挟み状態となっているのである。

（4）地域の中で孤立するアウェイ育児

　NPO法人子育てひろば全国協議会は，自分の育った市区町村以外での子育ては物理的及び心理的に孤立している状況であり，「アウェイ感」を母親に感じさせているとし，こうした状況での育児を「アウェイ育児」と名付けている。

　NPO法人子育てひろば全国連絡協議会が2015（平成27）年に全国の地域子育て拠点の利用者を対象におこなった調査によると，72.1%の母親が，自身が育ったのとは別の市町村で子育てをしている「アウェイ育児」であることがわかった。またアウェイ育児をしている母親のうち，近所に子どもを預かってくれる人がいないと回答した人は71.4%に上っており，これは自身の

あなたが育った市区町村で，現在子育てをしていますか。

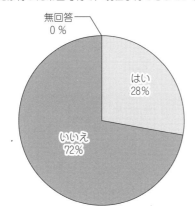

図6-8　アウェイ育児に関する項目
出典：NPO法人子育てひろば全国連絡協議会（2016）
より筆者作成．

生まれ育った市町村で子育てをしている人の倍の数値となっている（図6-8）。

3．さまざまな子育て支援

（1）子育て世代を支える子ども・子育て支援新制度
　2015（平成27）年4月より本格的に子ども・子育て支援新制度が施行された。この制度は，幼児期の学校教育や保育，地域の子育て支援の量の拡充や質の向上を進めていくためにつくられた制度である。ポイントとして，① 消費税率引き上げによる増収分を保育士確保，保育施設の増設，保育料の無償化などにあてる，② 市町村子ども・子育て事業計画に子育て当事者を含むさまざまな人が参加し，地域の実情に応じた計画を5年毎につくる，③ 企業による子育て支援を応援する，などが挙げられる（図6-9）。

（2）教育・保育
　子ども・子育て支援新制度の施行に伴って，利用者のきめ細やかなニーズにより答えることができるように保育サービスの種類が増えた。また，これに伴い，① 保育所，② 幼稚園（新制度に移行しない幼稚園を除く），③ 認定こども園，④少規模保育など地域型保育の利用を希望する場合，子どもはそれぞれの保護者の状況に応じて，「保育を必要とする事由」にあたるか，各市町村によって判断されることになった。保育サービスの利用は，この「保育を必要とする事由」にあてはまるのか，あてはまる場合どの程度あて

子ども・子育て支援新制度の概要

市町村主体		国主体
[認定こども園・幼稚園・保育所・小規模保育など 共通の財政支援]	[地域の実情に応じた 子育て支援]	[仕事・子育て両立支援事業]

施設型給付

認定こども園 0〜5歳

幼保連携型

※幼保連携型については、認可・指導監督の一本化、学校及び児童福祉施設としての法的位置づけを与える等、制度改善を実施

幼稚園型	保育所型	地方裁量型

幼稚園 3〜5歳	保育所 0〜5歳

※私立保育所については、児童福祉法第24条により市町村が保育の実施義務を担うことに基づく措置として、委託費を支弁

地域型保育給付

小規模保育、家庭的保育、居宅訪問型保育、事業所内保育

地域子ども・子育て支援事業

- 利用者支援事業
- 地域子育て支援拠点事業
- 一時預かり事業
- 乳児家庭全戸訪問事業
- 養育支援訪問事業等
- 子育て短期支援事業
- 子育て援助活動支援事業（ファミリー・サポート・センター事業）

- 延長保育事業
- 病児保育事業
- 放課後児童クラブ

- 妊婦健診
- 実費徴収に係る補足給付を行う事業
- 多様な事業者の参入促進・能力活用事業

仕事・子育て両立支援事業

- 企業主導型保育事業
⇒事業所内保育を主軸とした企業主導型の多様な就労形態に対応した保育サービスの拡大を支援（整備費、運営費の助成）

- 企業主導型ベビーシッター利用者支援事業
⇒繁忙期の残業や夜勤等の多様な働き方をしている労働者が、低廉な価格でベビーシッター派遣サービスを利用できるよう支援

図6-9　子ども・子育て支援新制度の概要

出典：内閣府子ども・子育て本部（2019：6）．

はまるのか、さらに子どもの年齢によって、利用できる施設が異なる。

　先にふれた地域型保育事業には4つの種類があり、① 家庭的保育（保育ママ）、② 小規模保育、③ 事業所内保育、④ 居宅訪問型保育に分類されている。

1）家庭的保育（保育ママ）

　定員は5人以下で、家庭的な雰囲気のもとで保育。

2）小規模保育

　定員は6〜19人で、家庭的保育に近い雰囲気のもとで保育。

3）事業所内保育

　会社の事業所の保育施設などで、従業員の子どもと地域の子どもを一緒に保育。

4）居宅訪問型保育

　障害・疾病などで個別ケアが必要な場合や、施設がなくなった地域で保育を維持する必要がある場合などに保護者の自宅において1対1で保育。

　現在国が定めている「保育を必要とする事由」について見てみると、新制度では、今まで保育利用の認可が難しかったパートタイム就労においても保

育サービスを利用できることが明確に示された。しかし，それぞれの家庭の保育ニーズの大きさを点数化するため待機児童がある地域では保育の必要があっても，妻がパートタイムや就職活動中では点数が低く算出されて待機児童となり，保育を利用できないなどの問題がある。保育施設を増やしても保育士が確保できない保育士不足の問題もある。

---

① 就労　・フルタイムのほか，パートタイム，夜間など基本的にすべての就労に対応（一時預かりで対応可能な短時間の就労は除く）

② 妊娠，出産

③ 保護者の疾病，障害

④ 同居又は長期入院等している親族の介護・看護・兄弟姉妹の小児慢性疾患に伴う看護など，同居又は長期入院・入所している親族の常時の介護，看護

⑤ 災害復旧

⑥ 求職活動・起業準備を含む

⑦ 就学・職業訓練校等における職業訓練を含む

⑧ 虐待やDVのおそれがあること

⑨ 育児休業取得時に，すでに保育を利用している子どもがいて継続利用が必要であること

⑩ その他，上記に類する状態として市町村が認める場合

上記の中⑥〜⑨は子ども・子育て支援新制度で新たに明記された。①就労については，さらに保育標準時間利用（フルタイムを想定した利用時間，最長11時間）と保育短時間利用（パートタイム就労を想定した利用時間，最長8時間）に区分された。

なお，子育て世帯の負担の軽減として，2019（令和元）年10月からは3歳児以上の幼児教育，保育の無償化が導入された。

（3）地域子ども・子育て支援

子ども・子育て支援法では，教育・保育サービスについて語られることが多いが，図6-10を見ると，2017（平成30）年度では0歳児の84.4%，1歳児の58.2%，2歳児の48.5%が未就園児（保育サービスを利用していない）である。地域社会との関係が希薄な現代において，家庭で子育てをする親はますます孤立している。母親の中にはこれまでの生活とのギャップに戸惑う，社会から孤立したような気持ちになるという人も少なくない。そのため，未就園児の親が孤立しないための施策の充実は喫緊の課題である。

そこで国は，とくに在宅で子育てをしている親とその子どもの支援として，地域子ども・子育て支援を充実させようとしている。子ども・子育て支援法

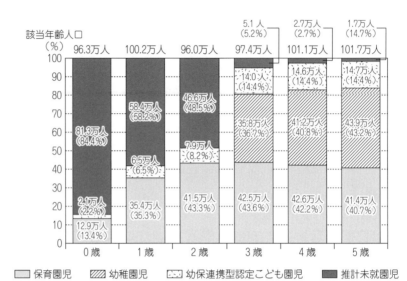

該当年齢人口

	0歳	1歳	2歳	3歳	4歳	5歳
	96.3万人	100.2万人	96.0万人	97.4万人	101.1万人	101.7万人

推計未就園児
0歳 81.3万人（84.4%）
1歳 58.4万人（58.2%）
2歳 46.6万人（48.5%）
3歳 5.1人（5.2%）
4歳 2.7万人（2.7%）
5歳 1.7万人（14.7%）

幼稚園児
3歳 14.0人（14.4%）
4歳 14.6万人（14.4%）
5歳 14.7万人（14.4%）

幼保連携型認定こども園児
2歳 7.9万人（8.2%）
3歳 35.8万人（36.7%）
4歳 41.2万人（40.8%）
5歳 43.9万人（43.2%）

0歳 2.1万人（2.2%）
1歳 6.5万人（6.5%）

保育園児
0歳 12.9万人（13.4%）
1歳 35.4万人（35.3%）
2歳 41.5万人（43.3%）
3歳 42.5万人（43.6%）
4歳 42.6万人（42.2%）
5歳 41.4万人（40.7%）

凡例：■ 保育園児　▨ 幼稚園児　▥ 幼保連携型認定こども園児　■ 推計未就園児

図6-10　保育園と幼稚園の年齢別利用者数及び割合（平成30年）
出典：内閣府（2019：68）.

には，13の地域子ども・子育て支援事業が示されている（図6-11）。なかでも2014（平成26）年度からはじまった利用者支援事業は，「利用者と子育て支援サービスをつなぐ」サービスであり，基本型，特定型，母子保健型の3つの類型がある。基本型はあらゆる子育て支援サービスと利用者をつなぐ利用者支援と，そのための地域連携をするものである。特定型は，主に保育サービスと利用者をつなぐものである。母子保健型は保健師などが妊娠期から切れ目なく母子保健及び子育て支援サービスと利用者をつなぐ。

（4）母子保健分野による子育て支援

　このほかにも母子保健サービスとしてさまざまな子育て支援サービスがある。
　1）妊娠の届け出及び母子健康手帳の交付
　　妊娠がわかったら市町村の母子保健担当部局で母子手帳をもらう。この時，母親の心理的，社会的状況を聞きとり，必要な場合は地区担当保健師などによる継続的な支援を行う。
　2）妊婦健康診査
　　妊娠したら子どもと母体の健康状態を病院で診査する。あわせて助産師などが出産にむけて心配なことがないか面談を行うことも多い。
　3）乳幼児健康診査
　　市町村は1歳半健診と3歳児健診をおこなうことが義務づけられている。子どもの発達面だけでなく，親の育児ストレスなどについても

地域子ども・子育て支援事業の概要について

- 市町村は，子ども・子育て家庭等を対象とする事業として，市町村子ども・子育て支援事業計画に従って，以下の事業を実施する。（子ども・子育て支援法第59条）
- 国及び都道府県は同法に基づき，事業を実施するために必要な費用に充てるため，交付金を交付することができる。
- 費用負担割合は国・都道府県・市町村それぞれ1/3（妊婦健診については交付税措置）

---

①利用者支援事業
　　子ども及びその保護者等の身近な場所で，教育・保育・保健その他の子育て支援の情報提供及び必要に応じ相談・助言等を行うとともに，関係機関との連絡調整等を実施する事業

②地域子育て支援拠点事業
　　乳幼児及びその保護者が相互の交流を行う場を提供し，子育てについての相談，情報の提供，助言その他の援助を行う事業

③妊婦健康診査
　　妊婦の健康の保持及び増進を図るため，妊婦に対する健康診査として，①健康状態の把握，②検査計測，③保健指導を実施するとともに，妊娠期間中の適時に必要に応じた医学的検査を実施する事業

④乳児家庭全戸訪問事業
　　生後4か月までの乳児のいる全ての家庭を訪問し，子育て支援に関する情報提供や養育環境等の把握を行う事業

⑤・養育支援訪問事業
　　養育支援が特に必要な家庭に対して，その居宅を訪問し，養育に関する指導・助言等を行うことにより，当該家庭の適切な養育の実施を確保する事業

　・子どもを守る地域ネットワーク機能強化事業（その他要保護児童等の支援に資する事業）
　　要保護児童対策協議会（子どもを守る地域ネットワーク）の機能強化を図るため，調整機関職員やネットワーク構成員（関係機関）の専門性強化と，ネットワーク機関間の連携強化を図る取組を実施する事業

⑥子育て短期支援事業
　　保護者の疾病等の理由により家庭において養育を受けることが一時的に困難となった児童について，児童養護施設等に入所させ，必要な保護を行う事業（短期入所生活援助事業（ショートステイ事業）及び夜間養護等事業（トワイライトステイ事業））

⑦子育て援助活動支援事業（ファミリー・サポート・センター事業）
　　乳幼児や小学生等の児童を有する子育て中の保護者を会員として，児童の預かり等の援助を受けることを希望する者と当該援助を行うことを希望する者との相互援助活動に関する連絡，調整を行う事業

⑧一時預かり事業
　　家庭において保育を受けることが一時的に困難となった乳幼児について，主として昼間において，認定こども園，幼稚園，保育所，地域子育て支援拠点その他の場所において，一時的に預かり，必要な保護を行う事業

⑨延長保育事業
　　保育認定を受けた子どもについて，通常の利用日及び利用時間以外の日及び時間において，認定こども園，保育所等において保育を実施する事業

⑩病児保育事業
　　病児について，病院・保育所等に付設された専用スペース等において，看護師等が一時的に保育等する事業

⑪放課後児童クラブ（放課後児童健全育成事業）
　　保護者が労働等により昼間家庭にいない小学校に就学している児童に対し，授業の終了後に小学校の余裕教室，児童館等を利用して適切な遊び及び生活の場を与えて，その健全な育成を図る事業

⑫実費徴収に係る補足給付を行う事業
　　保護者の世帯所得の状況等を勘案して，特定教育・保育施設等に対して保護者が支払うべき日用品，文房具その他の教育・保育に必要な物品の購入に要する費用又は行事への参加に要する費用等を助成する事業

⑬多様な事業者の参入促進・能力活用事業
　　特定教育・保育施設等への民間事業者の参入の促進に関する調査研究その他多様な事業者の能力を活用した特定教育・保育施設等の設置又は運営を促進するための事業

図6-11　地域子ども・子育て支援事業

出典：内閣府子ども・子育て本部（2019：106-107）.

チェックし，支援している。

4）新生児マス・スクリーニング検査（先天性代謝異常検査）

先天性代謝異常（フェニルケトン尿症等）などを発見するために血液のマス・スクリーン検査を行う。

5）未熟児訪問指導

助産師，保健師などが出生児の体重2,500g未満の乳児の自宅の家庭訪問を行う。

6）新生児訪問指導

保護者からの希望に応じて助産師，保健師などが家庭訪問をする。乳児家庭全戸訪問事業（こんにちは赤ちゃん事業）とあわせて行うこともある。

7）子育て世代包括支援センターの法定化

2017（平成29）年4月から母子保健法の改正により市町村は子育て世代包括支援センター（法律上の名称は母子健康包括支援センター）を設置することが努力義務となった。

センターでは子ども・子育て支援新制度の利用者支援事業やその他子育て支援を福祉と母子保健分野の垣根を超えて包括的に運営し，妊娠・出産・子育て支援のワンストップ拠点として機能することが期待されている。

（5）子育て家庭を支えることのできる社会になるために

子育てしやすい社会とは，一人ひとりの状況にあわせて私的，公的な支援が必要な時に安心して受けられる社会であるといえる。

令和の時代となっても，「家庭のことは女性が担うべき」「妻は夫の稼いだお金でやりくりすべき」「男は家庭より仕事を優先すべき」といった考えは，このような価値観の社会を子育て世代として過ごした人たちを中心に残っている。個人の価値観，家族のあり方がより多様になる中で，「こうあるべき」と1つの枠にあてはめることはもはやできない。

子ども家庭の福祉や教育に携わる専門職は，日々変化していく子育て家庭を取り巻く社会的状況と必要な支援について学び続け，一人ひとりに向き合い，寄り添い支援していく必要がある。また，本当に子育て家庭を支えることのできる社会になるためには，結婚することや子どもをもつことを希望しているか，子どもを育てているかどうかにかかわらず，誰もがその人らしく安心して暮らせることが前提となる。そのためには，助け合うことのできる余裕が，社会にとって必要となってくるといえるのである。

> **演習問題**
>
> 1．結婚，出産，子育てについて自分なりに考え，ライフプランを作成してみよう。
> 2．結婚，出産，子育てにおける社会的課題についてまとめてみよう。
> 3．結婚，出産，子育ての希望を叶えるために必要な施策について考えてみよう。

引用・参考文献

内閣府（2019）『令和元年版少子化社会対策白書』日経印刷株式会社.

内閣府子ども・子育て本部（2019）「子ども・子育て支援新制度について」資料.

横浜市こども青少年局（2018）「横浜市子ども・子育て支援事業計画の策定に向けた利用ニーズ把握のための調査」

ベネッセ次世代育成研究所（2012）「第2章　はじめての育児生活　宮本幸子」『第2回　妊娠出産子育て基本調査（横断調査）　報告書』.

NPO法人子育てひろば全国連絡協議会（2016）「地域子育て支援拠点事業に関するアンケート調査2015地域子育て支援拠点における「つながり」に関する調査研究事業　報告書」資料.

NPO法人Fine　　https://j-fine.jp/activity/enquate/index.html

（榎本祐子）

第7章　子育て・仕事とライフコース

　人は，それぞれに，自分の人生について道筋——ライフコース——を思い描いている。女性の場合であれば，そのライフコースに，就職や結婚とともに，出産や子育てや仕事との両立といったことが，重要な要素として入り込んでくる。本章では，さまざまなデータを通して女性のライフコースの実態を知り，子育てと仕事の両立支援が求められる背景を理解する。

1．女性のライフコースの実態

（1）理想と予定のライフコース調査
　国立社会保障・人口問題研究所は，「出生動向基本調査（独身者調査）」のなかで，18歳以上35歳未満の未婚男女約5,000人に対し，次のような質問をしている。
- 「あなたの理想とする人生はどのタイプですか（女性の理想ライフコース）」
- 「理想は理想として，実際になりそうなあなたの人生はどのタイプですか（女性の予想ライフコース）」
- 「パートナー（あるいは妻）となる女性にはどのようなタイプの人生を送ってほしいと思いますか（男性がパートナーに望むライフコース）」

選択肢は，次の5つのライフコースである。
　専業主婦コース：結婚し子どもを持ち，結婚あるいは出産の機会に退職し，その後は仕事を持たない。
　再就職コース　：結婚し子どもを持つが，結婚あるいは出産の機会にいったん退職し，子育て後に再び仕事を持つ。
　両立コース　　：結婚し子どもを持つが，仕事も一生続ける。
　DINKSコース：結婚するが子どもは持たず，仕事を一生続ける。
　非婚就業コース：結婚せず，仕事を一生続ける。
　図7-1(a)〜(c)は，1987年以降の結果をまとめたものである。これらの図を眺めてみると，1987年から2015年にかけて，ある一定の傾向があることがわかる。すなわち，いずれの図においても「専業主婦コース」は減少し，「再就職コース」に迫る勢いで「両立コース」が増加している。明らかに，

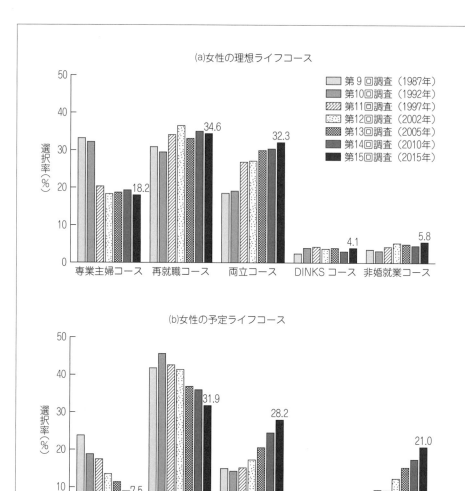

(a)女性の理想ライフコース

第 9 回調査 （1987年）
第10回調査 （1992年）
第11回調査 （1997年）
第12回調査 （2002年）
第13回調査 （2005年）
第14回調査 （2010年）
第15回調査 （2015年）

(b)女性の予定ライフコース

図7-1　女性の理想・予定のライフコース，

出典：国立社会保障・人口問題研究所（2017）．

女性は自分の人生において，何らかの形で働き続けることを志向するように
なっているのである．男性もまた，パートナーに対し「専業主婦コース」を
望む人は減り，「両立コース」を望む人が大きく増えている．女性が予定と
するライフコースとして，「非婚就業コース」の増加も目立つ．昨今の未婚
化・晩婚化の流れを受けてか，「自分も結婚しない／できないかもしれない」
と考える女性がじわじわと増えている．こうしてみると，極めて個人的な選
択のように思われる理想や予想としてのライフコースも，社会や環境の影響
を受けて，少しずつ，でも確実に変化してきているのがわかる．

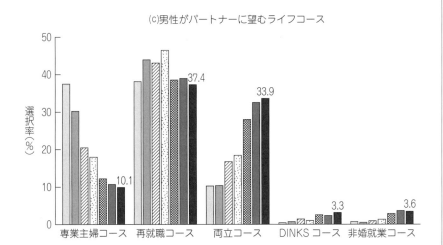

(c)男性がパートナーに望むライフコース

注：対象は18〜34歳の未婚者。その他および不詳の割合は省略。調査別の客体数（男性，女性）：第9回（2,605，3,299），第10回（3,647，4,215），第11回（3,612，3,982），第12回（3,494，3,897），第13回（3,064，3,139），第14回（3,406，3,667），第15回（2,705，2,570）。

設問
女性の理想ライフコース：（第9〜10回調査）「現実の人生と切りはなして，あなたの理想とする人生はどのようなタイプですか」，（第11〜15回調査）「あなたの理想とする人生はどのタイプですか」。女性の予定ライフコース：（第9〜10回調査）「これまでを振り返った上で，実際になりそうなあなたの人生はどのようなタイプですか」（第11〜15回調査）「理想は理想として，実際になりそうなあなたの人生はどのタイプですか」。男性がパートナー（女性）に望むライフコース：（第9〜12回調査）「女性にはどのようなタイプの人生を送ってほしいと思いますか」，（第13〜15回調査）「パートナー（あるいは妻）となる女性にはどのようなタイプの人生を送ってほしいと思いますか」。

男性がパートナーに望むライフコース

（2）M字型を描く女性の就労

　実際の女性の就労状況をみてみよう。図7-2は1978年から20年ごとに，横軸の各年齢段階で働いている女性の割合（労働力率）を示したものである。1978年と2018年の折れ線を見比べたとき，どのようなことがわかるか。

　1978年の折れ線の特徴を一言で表すならば，女性のライフコースは「M字カーブ」を描いていたといえる。すなわち，当時20〜30代の女性では，結婚・子育て期にいったん退職し，子育てが一段落したあと，家計を補うためにパートやアルバイトとして再び就職するという「再就職コース」が多かっ

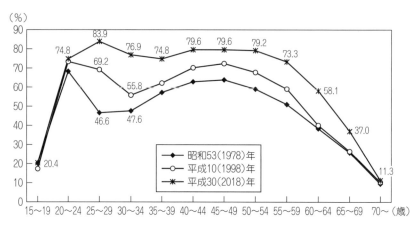

(%)

図7-2　女性の年齢階級別労働力率の推移

出典：内閣府（2019）．

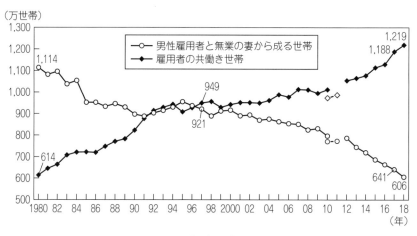

（万世帯）

図7-3　共働き等世帯数の推移

出典：内閣府（2019）．

たのである。実のところ，この「M字カーブ」は，他の欧米諸国ではみられない，日本女性に特有の現象であるとして，長らく問題視されてきた。これに対し，2018年の折れ線ではM字のくぼみが消えつつあり，結婚し子どもをもっても働き続けるという「両立コース」が増えてきたことをうかがわせる。その背景としては，①日本経済の質的転換に伴う女性雇用の拡大や就業形態の多様化，②1985年の男女雇用機会均等法，1991年の育児休業法（現在の育児・介護休業法），2003年の次世代育成支援対策推進法などの法的制度の普及，③フェミニズム運動や女性の高学歴化に伴う女性の仕事観の変化などが挙げられるが，これをもって，現代の日本は女性が結婚し子どもをもっても仕事を続けやすい社会になったと結論するのは早計である。以下，女性の就労の実態について詳しくみていく。

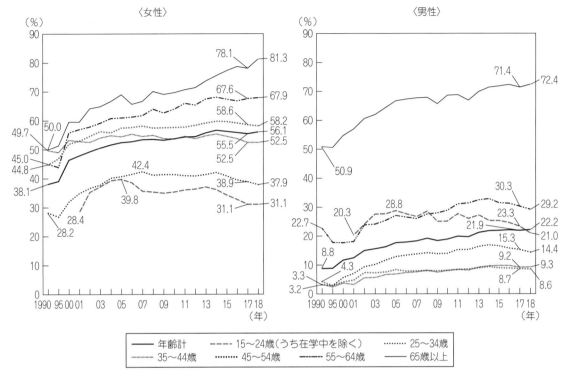

〈女性〉　　　　　　　　　　　　　〈男性〉

図7-4　年齢階級別非正規雇用労働者の割合の推移（男女別）

出典：内閣府（2019）.

（3）共働き家庭の増加

　ニッセイ基礎研究所（2017）によると，近年の「M字カーブ」の底上げに
は，既婚女性の労働力率の上昇が大きく影響しているという。図7-3をみ
ると，1980年以降，「雇用者の共働き世帯」は年々増加しており，1997年に
は夫のみが働く「男性雇用者と無業の妻からなる世帯」を逆転している。今
や「専業主婦コース」の女性は少数派なのである。

　少し話はそれるが，共働き世帯がこれほど増えれば，保育所に子どもを預
ける必要のある家庭は増え，待機児童の問題が深刻になるのもよくわかる。
「保育園落ちた日本死ね！」というタイトルで投稿された匿名ブログが大き
な反響を呼んだのは記憶に新しいが，待機児童の問題の背景には，こうした
共働き世帯における保育ニーズの急速な高まりがある。

（4）女性に多い非正規雇用者

　次に，雇用形態の内訳をみてみよう。図7-4は，性別および年齢階級別
に，雇用者に占める非正規雇用者（アルバイト，パートタイマー，派遣社員
など）の割合の推移を示したものである。男女でどのような違いがみられる
だろうか。全体として，非正規雇用者の割合は上昇傾向にあるが，その割合

は女性に多く，2018年では56.1％の女性が非正規雇用者として不安定な身分で働いていることがわかる（男性は22.2％）。注目すべきは，35〜44歳の女性において非正規雇用者の割合が高いまま推移していることであろう。これは，結婚・出産を機に働き方を変える女性が一貫して多いことを意味する。

（5）依然として多い出産後の退職

　表7-1をみると，結婚退職をする女性は年々減少しており，2010〜14年の結婚前後の就業継続率は8割を超えている。ところが，第1子出生前後も就業を継続していた女性の割合は4割前後で推移しており，直近でも53.1％（女性全体で38.3％）に留まっている。つまり，結婚を機に退職する，いわゆる「寿退社」は減少したが，出産を機に退職する女性は依然として多いのである。とりわけ，「パート・派遣」の就業継続率は低く，2010〜14年でも25.2％と実に4分の3が退職している。

　一方，第2子，第3子出生前後の就業継続率は8割前後で推移していることから，女性が「ワーキングマザーの道を選ぶかどうか」の分岐点は，第1子出生前後にあるといえそうである。その後，図7-5に示したように，末子年齢が上がるにつれ，再就職を果たす女性の割合（多くは「非正規の職員・従業員」）が増えていくのである。

（6）女性の就労に関する現状のまとめ

　近年，日本の女性に特有であったM字型の就労は解消されつつあり，結婚後も仕事を続ける女性は増加している。しかし，出産後の就業継続率は依然として低く，正規雇用者の3割，非正規雇用者の7割が出産を機に仕事をやめていた。要するに，日本では出産で退職し，子育ての余裕ができたら非正規雇用者として再就職するという「再就職コース」が依然として主流なのである。冒頭でみてきたように，理想のライフコースとして人気上昇中の「両立コース」であるが，その実現には，いくつもの課題がありそうである。

2．仕事と子育ての両立をはばむもの

（1）女性が出産退職する理由

　なぜ多くの女性が出産を機に仕事をやめるのだろうか。労働政策研究・研修機構（2017）の調査から，そうした女性たちの声を拾い上げてみよう。

　第1子の産前産後に仕事をやめた理由をたずねたところ，「非労働力群」「非正規群」「正規群」に共通して，約半数の女性たちが「仕事と育児の両立が難しいと判断した」と答えている（図7-6）。また，「子育てに専念した

表7−1　結婚・出産前後の妻の就業継続率，および育児休業を利用した就業継続率

結婚年／子の出生年	結婚前後	第1子妊娠前の従業上の地位				第2子出生前後	第3子出生前後
		第1子出生前後	正規の職員	パート・派遣	自営業主・家族従業者・内職		
1985〜89年	60.3%	39.2（ 9.2）	40.7（13.0）	23.7（ 2.2）	72.7（3.0）	…	…
1990〜94年	62.3	39.3（13.0）	44.5（19.9）	18.2（ 0.5）	81.7（4.3）	81.9（16.3）	84.3（17.6）
1995〜99年	65.1	38.1（17.6）	45.5（27.8）	15.2（ 0.8）	79.2（ - ）	76.8（28.8）	78.1（19.1）
2000〜04年	71.7	40.5（22.6）	52.4（37.5）	18.1（ 2.2）	71.4（2.5）	79.2（33.5）	77.0（27.6）
2005〜09年	71.8	40.3（27.0）	56.5（46.3）	17.6（ 4.7）	71.1（2.2）	76.3（43.2）	81.0（30.7）
2010〜14年	81.3	53.1（39.2）	69.1（59.0）	25.2（10.6）	73.9（8.7）	78.1（51.3）	79.1（45.0）

注：就業継続率は，結婚前・妊娠時に就業していた妻に占める結婚後・出産後に就業を継続していた妻の割合，
　　（　）内は育児休業制度を利用して就業を継続した割合を示す。
出典：国立社会保障・人口問題研究所（2017）.

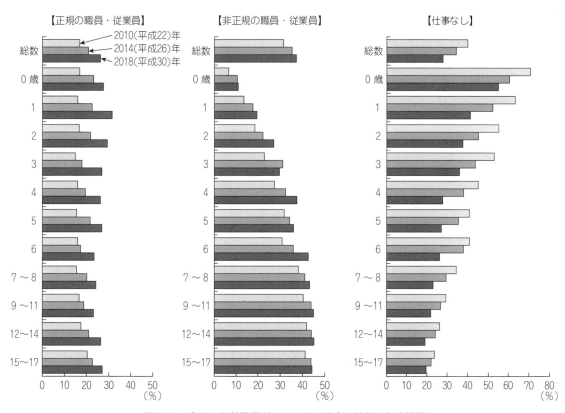

図7−5　末子の年齢階級別にみた母の仕事の状況の年次推移

注：「末子の母のいない世帯」，母の「仕事の有無不詳」を含まない総数に対する割合である。
出典：厚生労働省（2018）.

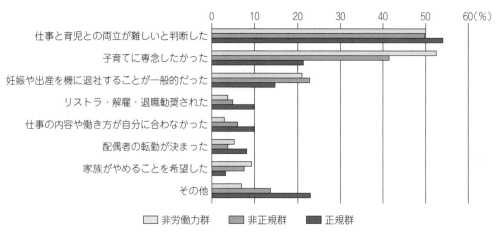

図7-6　第1子の産前産後に仕事をやめた理由

出典：労働政策研究・研修機構（2017）.

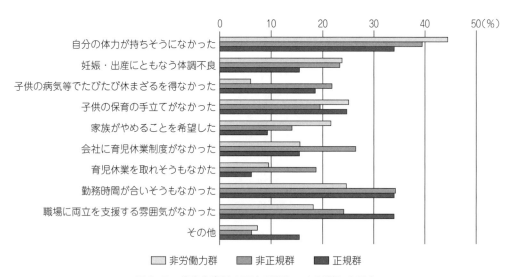

図7-7　仕事と育児の両立が難しいと判断した理由

出典：労働政策研究・研修機構（2017）.

かった」という理由を選んだ女性たちも多く，「非労働力群」で53％，「非正規群」で41％，「正規群」で21％であった。

　なぜ，「仕事と育児の両立が難しいと判断した」のか。図7-7をみると，いずれの群でも，「自分の体力が持ちそうになかった」ことを理由に挙げる女性が多い。この他の理由については群によって違いがあり，「非労働力群」では自身の体調不良や子どもの保育先の問題に加えて，「家族がやめることを希望した」といったプライベートな理由も目立つ。一方，「非正規群」と「正規群」では，勤務時間の問題や子どもの病気による欠勤など，家庭の都合で仕事を続けることが難しかったとする回答が多くあった。さらに，「非

正規群」では「会社に育児休業制度がなかった」など育児休業制度の問題を挙げているのに対し，「正規群」では，育児休業制度は利用できるものの，「職場に両立を支援する雰囲気がなかった」という回答が3割を超えていた。

　このように，女性が出産退職する理由としては，自身の体力や子どもの保育，育児休業をはじめとした職場の制度や風土などの問題が挙げられていた。以下では，これらの問題について，育児休業，家事・育児分担，および「三歳児神話」の3点に焦点を当ててみていきたい。

（2）育児休業

　労働基準法により定められた産前産後休業（いわゆる産休）は全ての女性が取得可能であるが，育児・介護休業法により定められた育児休業の取得には一定の要件（育児休業終了後も引き続き雇用される見込みがあるかなど）を満たす必要がある。前項の調査でもみてきたように，その要件を満たすことが困難な非正規職の女性は仕事をやめざるを得ないケースが少なくない（表7-1を参照）。また，育休を取得できたとしても，育休後は「マミートラック（子育てと仕事の両立を試みるなかで昇進や昇給などの機会が難しくなるキャリアコース）」に追いやられて仕事へのモチベーションを喪失したり，「マタハラ（マタニティ・ハラスメントの略。妊娠・出産，育児休業等を理由として，解雇，不利益な異動，減給，降格などの不利益な取扱い）」を受けたりなど，問題は山積みである。

　男性の育児休業取得率についても，近年，上昇傾向とはいえ，2018年時点でようやく6.16％である（厚生労働省，2019）。しかも，休業の取得期間をみると，女性は9割近くが6ヶ月以上であるのに対して，男性は5日未満が56.9％，8割以上が1ヶ月未満と極めて短期間となっている（厚生労働省，2015）。

　そもそも，なぜ男性も育休を取得するべきなのか。もちろん，「育児をしない男を，父とは呼ばない」（1999年厚生省のキャッチコピー）からであり，最近では，積極的，主体的に育児を「する」「したい」と考える男性も増えている。加えて，育休期間にあたる夫婦のあり方が，その後の夫婦関係を左右することが知られている。たとえば，出産前は対等だったは

育休を4ヶ月取得して感じたこと
・授乳以外は男性でもできる
・子ども慣れしてないは甘え
・子育ては2人でやってちょうどいい
・名もなき家事多すぎ
・育児での凡ミスは死に直結
・24時間，緊張状態が続く
・会話できる大人は命綱
・職場のほうが落ち着く
・仕事のほうが楽
・仕事のほうが楽
・仕事のほうが楽

図7-8　育休を4か月取得した男性の感想
出典：東洋経済オンライン（2019）.

ずの夫婦関係が，育休中に，家事・育児は妻の仕事になってしまい，家庭内での役割分担が固定化するのだという。また，ある調査では，子どもが生後18ヶ月になるまでの間に，「夫がどれくらい妻の子育てをサポートできたか」ということが，その12年後（!!）の夫に対する妻の愛情の強さに影響することも報告されている（菅原，2003）。

図7-8は，育休を4ヶ月取得した男性のツイートである。育児経験がほとんどない新米の親にとって，生まれたばかりの子の世話ほど大変なものはない。政府は，2010年に「イクメン・プロジェクト」を発足し，「パパママ育休プラス」の導入や育児休業給付金の引き上げなど，父親の育児休業を促進する対策を進めてきており，今後の効果が期待される。

（3）家事・育児分担

母親が一人で家事・育児の大半をこなす「ワンオペ育児」という言葉が新語・流行語大賞にノミネートされて久しい。『ワンオペ育児——わかってほしい休めない日常』の著者である藤田結子氏は，働く母親が「仕事をこなしながら，家事労働のほぼすべてを引き受ける，ブラックな働き方」をしていると指摘する。仕事をやめた女性の「自分の体力が持ちそうになかった」という声は，ワンオペ育児の大変さ・辛さに対する悲鳴なのかもしれない。実際，どれほどの家事・育児を妻が一人で担っているのか。総務省（2018）によると，「家事」については，共働き世帯で8割，専業主婦世帯で9割の夫が行っておらず，「育児」については，妻の職業の有無に関わらず，7割の夫が行っていないのだという。

こうした家事・育児分担の不公平さの背景には，夫の長時間労働があるといわれている。しかし，妻の就業の有無にかかわらず，家事・育児分担の様態にあまり違いがないことをみると，今でも多くの男女に「男は仕事，女は家庭」という性役割分業意識が根深く残っていることを疑わざるをえない。日本の男女共同参画社会の実現は未だ道半ばにあるといえよう。

（4）「三歳児神話」：母親の就労は子どもの発達に悪影響か

第1子の産前産後に仕事をやめた理由の一つとして，「子育てに専念したかった」と答える女性が多いことをみてきた（図7-6）。日本の社会では，「子どもが小さいうちは，とくに三歳までは母親が子どものそばにいて，育児に専念すべきだ」という，いわゆる「三歳児神話」が人々に絶大な影響を与えてきた（大日向，2015）。この「三歳児神話」は，WHO（世界保健機構）から調査を依頼された精神医学者ボウルビィが，第二次世界大戦直後の孤児院や乳児院などで乳児に心身発達の遅れや異常がみられたことについて，

「母親不在が乳幼児の発達を阻害した」と結論づけた報告書（Bowlby, 1951）に端を発している。実は，後の検証において，こうした施設児にみられた発達遅滞は母親の不在が原因ではなく，当時の劣悪な施設環境や不特定多数の保育者によって保育されたためであることが指摘（ラター，1979）されており，ボウルビィ自身も自説を訂正している。

　ところが，ボウルビィの説が紹介された当時の日本は，1960年代の高度経済成長期の最中にあり，残業もいとわず働く「企業戦士」とそれを支える「銃後の妻」としての専業主婦を大量に必要としていた。そのため，税や年金などの諸制度を通して，「男は仕事，女は家庭」という性役割分業に基づく家族モデルが奨励されるとともに，「三歳児神話」や母性がことさら強調され，母親一人に子育ての負担と責任が負わされることとなった。そうしたなか，子をもつ母親が働きに出ることに対し罪悪感が植えつけられていったのである。

　現在までに蓄積されたさまざまな実証的研究から，母親の就労の有無によって，子どもの知的・社会的な発達に違いはみられないことが明らかとなっている（シャファー，2001など）。また，むしろ，母親が孤立して子育てすることで，母親の育児不安やストレス，虐待のリスクが高まることもわかってきており，『平成10年版厚生白書』では，「三歳児神話」には合理的な根拠は認められないと明言されるに至っている。

　このように「三歳児神話」は否定されたが，乳幼児期が他者に対する基本的信頼感を形成する大切な時期であることは，揺るぎのない事実である。だからこそ，母親が孤立無援で子どもの世話をしていてはいけないのである。大切なのは，子どもが安全な場で愛されて育つことであり，そのためにも，母親の心の健康や夫婦関係，保育の質が良好であることが重要である。たとえば，親が働きに出ている間，良質な保育を受けられるとすれば，それはむしろ，子や親の経験を豊かなものにし得る。子育て中の親たちが「三歳児神話」に不安を覚えることのないよう，保育士は支援していくことが求められる。

3．ワーク・ライフ・バランスと子どもの育ち

　近年，仕事と生活の調和（ワーク・ライフ・バランス，以下，WLBと略記）を実現させることの重要性が説かれるようになっている。このWLBは，働き方改革の一環として提唱された経緯から，長時間労働の是正や男性の子育て推進，育休や介護との両立支援など，働く大人の生活の質の問題として語られることが多いが，当然，子どもの育ちにとっても極めて重要である。

たとえば，母性や母親の育児不安の研究で知られる大日向雅美氏は，NHKの記者のインタビューを受けるなかで，「大事なのは3歳までにしっかり愛情を受けられるような環境を作ること，そして働くとしても寝かしつける際に絵本を1冊読んであげられるくらいのゆとりある働き方を社会が若い世代にさせなきゃいけない」と述べている（大窪，2017）。つまり，親のWLBの実現は，子どもの生活の質の保障に直結しているのである。

とはいえ，子育て期の男女は働き盛り世代でもあり，ワークとライフのバランスを取ることが困難な時期にある。いったい，子育て期の男女のWLBはどうあるべきなのか。たとえば，子どもがあれば，ライフを重視し，ワークへ向けるエネルギーを少なくするべきなのだろうか。

ここに，男女共同参画とWLBの先進国であるスウェーデンと日本のWLBに対する意見と現状を比較した興味深い研究（秋山・大塚・森・星野，2016）がある。この研究によると，基本的にスウェーデンの人々は，「ライフ優先」である。しかし，子どもをもつ人々に限っては，「ライフ派」が少なく，「ワーク派」が多いのだという。これに対して，日本では，子どもの有無により「ライフ派」と「ワーク派」の人数に違いはみられなかった。これはどう考えたらよいだろうか。

この研究ではインタビュー調査も行われている。そのなかのスウェーデン人の意見で，「子ども中心とはいえ，自分のアイデンティティを追求するためにはワークも大切であるし，子どもへの教育的配慮から大人モデルとしてワークも大切にすることを教えるためでもある」というものがあった。傾聴すべき意見である。

幸せの形，家族の形は十人十色であり，これが正解という生き方はない。しかし，どのようなライフコースを選択するにせよ，子を持ったならば，そのかけがえのない我が子と心が離れてしまうことのないよう，日々，模索しながら暮らしていくことが，次世代を育成する大人の責任であるといえよう。

演習問題

1．自分のライフコースの理想と現実を書き出してみよう。
2．「三歳児神話」について自分の意見をまとめ，周りの人と話し合ってみよう。
3．スウェーデンをはじめ，海外の育休制度について調べてみよう。

引用・参考文献
秋山美栄子・大塚明子・森恭子・星野晴彦（2016）「ワーク・ライフ・バランスから見た日本とスウェーデンの比較調査研究」『人間科学研究』（文教大学人

間科学部) 38：93-107.

大窪奈緒子 (2017)『NHK 生活情報ブログ——母を悩ます "3 歳児神話"』2017
　　年11月29日
　　https://www.nhk.or.jp/seikatsu-blog/200/285429.html（2020年 6 月 8 日閲覧）

大日向雅美 (2015)『増補　母性愛神話の罠』日本評論社.

国立社会保障・人口問題研究所 (2017)『第15回出生動向基本調査』

厚生労働省 (2015)『平成27年度雇用均等基本調査』

厚生労働省 (2018)『平成30年国民生活基礎調査の概況』

厚生労働省 (2019)『平成30年度雇用均等基本調査（速報版）』

厚生労働省 (1998)『平成10年版厚生白書の概要』
　　https://www.mhlw.go.jp/www1/wp/wp98/wp98p1c2.html（2020年 6 月 9
　　日閲覧）

菅原ますみ (2003)『個性はどう育つか』大修館書店。

杉浦浩美 (2018)「保育士養成と三歳児神話——内面化された家族規範」『埼玉学
　　園大学紀要．人間学部篇』18：183-194.

総務省 (2018)『平成28年社会生活基本調査』

東洋経済オンライン (2019)『4 カ月の育休で見えた妻の「謎の不機嫌」の正体』
　　2019年 9 月17日
　　https://toyokeizai.net/articles/-/302011?page= 2 （2020年 6 月 8 日閲覧）

内閣府 (2019)『令和元年版男女共同参画白書』

ニッセイ基礎研究所 (2017)『「M 字カーブ」底上げの要因分解』基礎研レター.

藤田結子 (2017)『ワンオペ育児——わかってほしい休めない日常』毎日新聞出
　　版.

労働政策研究・研修機構 (2017)『子育て世帯のディストレス』労働政策研究報
　　告書, No.189.

Bowlby, J. (1951) *Maternal care and mental health*, W.H.O.

Rutter, M, 1972, *Maternal Deprivation Reassessed*, Baltimore: Penguin Books, Inc.
　　（M・ラター, 北見芳雄・佐藤紀子・辻祥子訳 (1979)『母性剥奪理論の功
　　罪』誠信書房.）

Schaffer, H. R., 1998, *Making decisions about children, second edition*, Blackwell
　　Publishers Limited.（H・R・シャファー, 無藤隆・佐藤恵理子訳 (2001)『子
　　どもの養育に心理学がいえること——発達と家族環境』ミネルヴァ書房.）

（磯部美良）

第8章　特別な配慮を要する子どもと家庭の理解と支援

　今日，児童虐待・ひとり親家庭・貧困などの社会問題が深刻化しており，そうした状態にある子どもや家庭にどのような支援を行っていくかが喫緊の課題となっている。本章では，特別な配慮を要する子どもや家庭の実態とそれへの支援について学ぶ。

1．特別な配慮を要する家庭

（1）児童虐待のある家庭への支援

① 児童虐待相談件数

　厚生労働省によれば，2018（平成30）年度中に，全国212ヶ所の児童相談所が児童虐待相談として対応した件数は15万9,850件（速報値）で，この数字は，前年度より2万6,072件（19.5％）増え，過去最多を更新するものであった。

　対応件数の内訳は，心理的虐待8万8,389（55.3％），身体的虐待4万256（25.2％），ネグレクト2万9,474（18.4％），性的虐待1,731（1.1％）となっている。相談対応経路別件数は，件数が多い順に，警察等7万9,150（50％），近隣・知人2万1,440（13％），その他1万8,138（11％），学校等1万1,449（7％），家族1万1,178（7％）となっている。相談対応件数の主な増加理由としては，心理的虐待に係る相談対応件数の増加，警察等からの通告の増加が指摘されている。

② 児童虐待のある家庭への支援

　厚生労働省が作成した「子ども虐待対応の手引き」には，児童虐待の発生を予防するための支援について次のように示されている。「子ども虐待は，どこにでも起こりうるという認識にたち，一般子育て支援サービスを充実させることが重要であることは言うまでもないが，より子ども虐待が発生しやすい家庭環境にいる子どもやその保護者に対する支援を充実させていくことも重要である。これまでさまざまな実態調査や事例検証を通して，虐待に至るおそれのある要因（リスク要因）が抽出されている。保健・医療・福祉等の関係者が予防的な支援を行うにあたっては，それらの要因をもち，養育支援を必要としている家庭であるかどうかを判断し，早期に支援につなげることが大切である。もとより，仮にリスク要因を多く有するからといって，直ちに

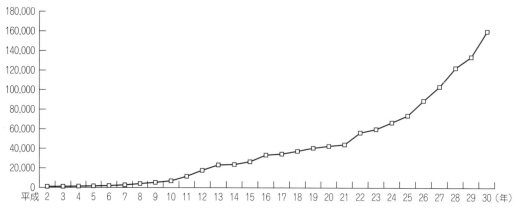

年度	平成20年度	平成21年度	平成22年度	平成23年度	平成24年度	平成25年度	平成26年度	平成27年度	平成28年度	平成29年度	平成30年度（速報値）
件数	42,664	44,211	注56,384	59,919	66,701	73,802	88,931	103,286	122,575	133,778	159,850
対前年度比	105.0%	103.6%	―	―	111.3%	110.6%	120.5%	116.1%	118.7%	109.1%	119.5%

図8-1　児童相談所での児童虐待相談対応件数とその推移

注：平成22年度の件数は，東日本大震災の影響により，福島県を除いて集計した数値。
出典：厚生労働省「福祉行政報告例」．

虐待が発生するものではないが，より多くの機関からリスク要因を有している家庭の情報を収集するよう努め，虐待の発生を予防することが大切である。

　児童虐待が発生する要因を理解したうえで，児童虐待が深刻化する前に早期発見・早期対応することは大変重要である。

　「子ども虐待対応の手引き」では，児童虐待のリスク要因が保護者側，子ども側，養育環境の3つに分けて次のようにまとめられている。

【保護者側のリスク要因】

・妊娠そのものを受容することが困難（望まぬ妊娠，10代の妊娠）
・子どもへの愛着形成が十分に行われていない。（妊娠中に早産等何らかの問題が発生したことで胎児への受容に影響がある。長期入院）
・マタニティーブルーズや産後うつ病等精神的に不安定な状況
・元来性格が攻撃的・衝動的
・医療につながっていない精神障害，知的障害，慢性疾患，アルコール依存，薬物依存
・被虐待経験
・育児に対する不安やストレス（保護者が未熟等）　等

【子ども側のリスク要因】

・乳児期の子ども　　・未熟児　　・障害児
・何らかの育てにくさを持っている子ども

【養育環境のリスク要因】

・未婚を含む単身家庭　　・内縁者や同居人がいる家庭
・子連れの再婚家庭　　・夫婦関係を始め人間関係に問題を抱える家庭
・転居を繰り返す家庭　　・親族や地域社会から孤立した家庭
・生計者の失業や転職の繰り返し等で経済不安のある家庭
・夫婦不和，配偶者からの暴力等不安定な状況にある家庭
・定期的な健康診査を受診しない　等

　なお，児童虐待の要因は一つではなく，身体的，精神的，社会的，経済的
等の要因が複雑に絡み合っていると考えられており，複雑な虐待の原因の解
明は非常に難しい。上記の要因以外にも地域住民とのコミュニケーション不
足・希薄化などもあるため，ひとりで悩むことのないように，乳児家庭全戸
訪問事業（こんにちは赤ちゃん事業）などにおいて，直接家庭を訪問するこ
とにより，地域には身近な相談相手があることを伝え，安心して相談できる
ように支援していくも重要である。

（2）ひとり親家庭への支援

　ひとり親家庭とは，離婚・死別などの理由で未婚の20歳未満の子ども（児
童）をもつ母子家庭・父子家庭のことである。

① 母子・父子家庭の現状

　2016（平成28）年度「全国ひとり親世帯等調査」の調査結果によると，母
子世帯数は123.2万世帯，父子世帯数は18.7万世帯である。母子家庭の
81.8%，父子家庭の85.4%が就労しているが，母子家庭の場合は，非正規の
割合が高いことから，より収入の高い就業を可能にするための支援が必要で
ある。また，父子家庭の父の中にも就業が不安定な者がおり，そのような者
への就業の支援が必要であると考えられている。

② ひとり親家庭等への支援

　「ひとり親家庭・多子世帯等自立応援プロジェクト（課題と対応）」は，経
済的に厳しい状況に置かれたひとり親家庭・多子世帯等の就業・自立に向け
た総合的な支援策である。このプロジェクトに基づいて，2016（平成28）年

| 現状・課題 |

○経済的に厳しい状況に置かれたひとり親家庭や多子世帯が増加傾向

○これらの方の自立のためには,
- 支援が必要な方に行政のサービスを十分に行き届けること
- 複数の困難な事情を抱えている方が多いため一人一人に寄り添った支援の実施
- ひとりで過ごす時間が多い子供達に対し,学習支援も含めた温かい支援の実施
- 安定した就労による自立の実現
が必要。

○昭和63年から平成23年の25年間で母子世帯は1.5倍,父子世帯は1.3倍(母子世帯84.9万世帯→123.8万世帯,父子世帯17.3万世帯→22.3万世帯)

○母子世帯の80.6%が就業しており,そのうち47.4%はパート,アルバイト等

○母子世帯の平均年間就労収入(母自身の就労収入)は181万円,平均年間収入(母自身の収入)は223万円

| 対 応 |

就業による自立に向けた就業支援を基本としつつ,子育て・生活支援,学習支援などの総合的な支援を充実。

①支援につながる → ◆自治体窓口のワンストップ化の推進

②生活を応援 →
◆子どもの居場所づくり
◆児童扶養手当の機能の充実
◆養育費の確保支援
◆母子父子寡婦福祉資金の見直し
◆多子世帯・ひとり親世帯の保育所等利用における負担軽減

③学びを応援 →
◆教育費負担の軽減
◆子供の学習支援の充実
◆学校をプラットフォームとした子供やその家庭が抱える問題への対応

④仕事を応援 →
◆就職に有利な資格の取得促進
◆ひとり親家庭の親の就労支援
◆ひとり親が利用しやすい能力開発施策の推進
◆非正規雇用労働者の育児休業取得促進

⑤住まいを応援 → ◆ひとり親家庭等に対する住居確保の支援

⑥社会全体で応援 →
◆「子供の未来応援国民運動」の推進
◆子供の未来応援地域ネットワーク形成支援

平成28年通常国会において児童扶養手当法改正法が成立

図8-2 ひとり親家庭・多子世帯等自立応援プロジェクト(課題と対応)
出典:厚生労働省「ひとり親家庭等の支援について(平成31年4月)」をもとに作成.

表8-1　母子家庭・父子家庭の現状

		母子家庭	父子家庭
1	世帯数［推計値］	123.2万世帯 （123.8万世帯）	18.7万世帯 （22.3万世帯）
2	ひとり親世帯になった理由	離別 79.5%（80.8%） 死別 8.0%（ 7.5%）	離別 75.6%（74.3%） 死別 19.0%（16.8%）
3	就業状況	81.8%（80.6%）	85.4%（91.3%）
	就業者のうち 正規の職員・従業員	44.2%（39.4%）	68.2%（67.2%）
	うち 自営業	3.4%（ 2.6%）	18.2%（15.6%）
	うち パート・アルバイト等	43.8%（47.4%）	6.4%（ 8.0%）
4	平均年間収入 ［母又は父自身の収入］	243万円（223万円）	420万円（380万円）
5	平均年間就労収入 ［母又は父自身の就労収入］	200万円（181万円）	398万円（360万円）
6	平均年間収入 ［同居親族を含む世帯全員の収入］	348万円（291万円）	573万円（455万円）

注：（　）内の値は，前回（平成23年度）調査結果を表している。
　　「平均年間収入」及び「平均年間就労収入」は，平成27年（平成22年）の1年間の収入。
　　集計結果の構成割合については，原則として，「不詳」となる回答（無記入や誤記入等）が
　　ある場合は，分母となる総数に不詳数を含めて算出した値（比率）を表している。
出典：厚生労働省「ひとり親家庭等の支援について（平成31年4月）」．

の通常国会において，児童扶養手当法の改正法が成立し，支援施策として，
① 支援につながる，② 生活を応援，③ 学びを応援，④ 仕事を応援，⑤ 住
まいを応援，⑥ 社会全体で応援の充実などが打ち出された。

　ひとり親家庭に対する支援として，相談支援，子育て・生活支援，就業支
援，経済的支援及び養育費確保支援のための施策の充実・強化などが求めら
れている。

（3）障害のある子どものいる家庭への支援

① 障害者手帳

　障害者手帳には「身体障害者手帳」「精神障害者保健福祉手帳」「療育手

表8-2　障害者手帳所持者数等の推計値について

	障害者手帳 保持者		身体障害者手帳 所持者数		療育手帳 所持者数		精神障害者保健福祉 手帳所持者数	
	人	%	人	%	人	%	人	%
0～9歳	117,000	2.1	31,000	0.7	97,000	10.1	4,000	0.5
10～17歳	144,000	2.6	37,000	0.9	117,000	12.2	10,000	1.2

出典：厚生労働省社会・援護局障害保健福祉部「平成28年生活のしづらさなどに関する調査
　　　（全国在宅障害児・者等実態調査）結果」をもとに作成．

帳」の３種類がある。

　身体障害者手帳は，身体障害者福祉法に定める身体上の障害がある者に対して，都道府県知事，指定都市市長または中核市市長が交付する手帳である。

　精神障害者保健福祉手帳は，何らかの精神疾患（てんかん，発達障害などを含む）により，長期にわたり日常生活または社会生活への制約がある者を対象とするが，手帳を受けるためには，その精神疾患による初診から６ヶ月以上経過していることが必要になる。申請は，市町村の担当窓口で行う。

　療育手帳は，知的障害児（者）に対して一貫した指導・相談を行うとともに，これらの者に対する各種の援助措置を受け易くするため，知的障害児（者）に交付し，もって知的障害児（者）の福祉の増進に資することを目的としている。手帳は，児童相談所又は知的障害者更生相談所において知的障害であると判定された者に対して交付する。

② 特別児童扶養手当と障害児福祉手当

　特別児童扶養手当は，精神又は身体に障害を有する20歳未満の児童について手当を支給することにより，これらの児童の福祉の増進を図ることを目的として，その児童の保護者に対して支給される国の手当である。

　障害児福祉手当は，重度障害児に対して，その障害のため必要となる精神的，物質的な特別の負担の軽減の一助として支給することにより，特別障害児の福祉の向上を図ることを目的としている。精神又は身体に重度の障害を有するため，日常生活において常時の介護を必要とする状態にある在宅の20歳未満の者に支給される。

表8-3　障害児に関する手当制度の概要

	特別児童扶養手当	障害児福祉手当
目　的	精神又は身体に障害を有する児童について手当を支給することにより，これらの児童の福祉の増進を図ることを目的にしている。	重度障害児に対して，その障害のため必要となる精神的，物質的な特別の負担の軽減の一助として手当を支給することにより，特別障害児の福祉の向上を図ることを目的としている。
支給要件	20歳未満で精神又は身体に障害を有する児童を家庭で監護，養育している父母等に支給される。	精神又は身体に重度の障害を有するため，日常生活において常時の介護を必要とする状態にある在宅の20歳未満の者に支給される。
支給月額 （令和２年４月より適用）	1級　52,500円 2級　34,970円	14,880円
所得制限	受給資格者（障害児の父母等）もしくはその配偶者又は生計を同じくする扶養義務者（同居する父母等の民法に定める者）の前年の所得が一定の額以上であるときは手当は支給されない。	受給資格者（重度障害児）の前年の所得が一定の額を超えるとき，もしくはその配偶者又は受給資格者の生計を維持する扶養義務者（同居する父母等の民法に定める者）の前年の所得が一定の額以上であるときは手当は支給されない。

出典：厚生労働省「特別児童扶養手当・障害児福祉手当」.

③　今後の障害児支援の在り方について

　厚生労働省の「障害児支援の在り方に関する検討会」は，2014（平成26）年7月16日に「今後の障害児支援の在り方について（報告書）～「発達支援」が必要な子どもの支援はどうあるべきか～」を取りまとめた。

　障害のある子どもへの支援は，できるだけ子ども・家族にとって身近な地域における支援であって，周囲の環境と十分な関わりがもて，発達の段階に応じた一貫した支援であることが必要であるとされている。

　柏女（2020）によれば，「これからの障害児支援の基本は，子どもたちに当たり前の生活を保障することにあるとされ，そのためには，地域生活支援が最も必要とされる。地域の身近なところで一般児童とともに生活を営むことができ，また，必要に応じた専門的療育支援が受けられるような社会にしていかなければならない。また，家庭環境を奪われた子どもたちには，代替的環境としてまず家庭養護を提供し，それが困難な場合にはそれに近い環境が用意されなければならない」のであって，こうした点を踏まえ，次の4つの次元で充実されなければならないということになる。1点目は，子ども・子育て支援制度における障害児支援の充実（合理的配慮を含む）であり，2点目は，子ども・子育て支援制度から障害児固有の支援サービスへのつなぎ

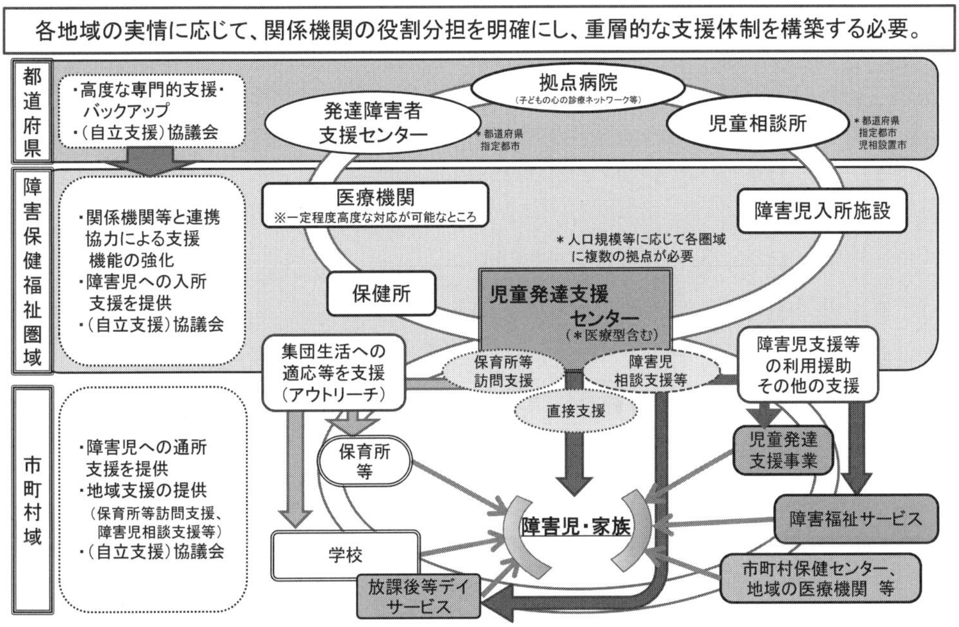

図8-3　障害児の地域支援体制の整備の方向性のイメージ

出典：厚生労働省：「今後の障害児支援の在り方について（報告書）～「発達支援」が必要な子どもの支援はどうあるべきか～」の取りまとめについて．

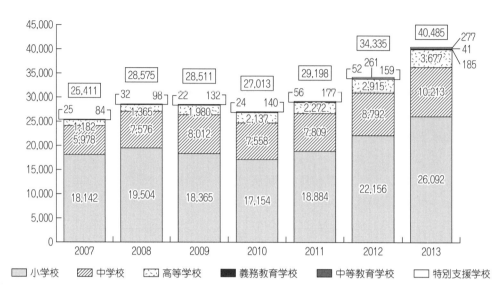

図8-4　日本語指導が必要な外国籍の児童生徒数

出典：文部科学省「日本語指導が必要な児童生徒の受入状況等に関する調査の結果（平成30年度）について」（平成30年5月1日現在）.

の充実である。3点目は，子ども・子育て支援制度の各施策に対する障害児支援施策による後方支援の充実，4点目は，障害児に固有の支援施策の充実である。

（4）外国籍の家庭への支援

　日本語指導が必要な児童生徒の状況は，年々増加傾向にあり，学校などによっては，日本語指導者が指導を行っている。

　児童生徒だけでなく，外国人の保護者には，日本語能力にかかわらず，日本での出産・子育てのためのサービス利用や制度についての理解が容易ではないので，安心して日本での子育てができる支援が必要となる。学校からの連絡事項などにもサポートが必要となる。

2．子どもの貧困，格差社会

（1）子どもの貧困
① 貧困とは

　国際連合の国連開発計画（UNDP）では，「貧困とは，教育，仕事，食料，保健医療，飲料水，住居，エネルギーなど最も基本的な物・サービスを手に入れられない状態のことである。極度の，あるいは絶対的な貧困とは，生きていくうえで最低限必要な食料さえ確保できず，尊厳ある社会生活を営むこ

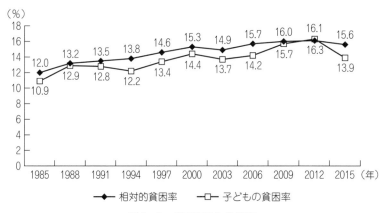

図8-5　貧困率の年次推移
出典：厚生労働省「平成28年　国民生活基礎調査の概況」.

とが困難な状態を指す。」とされている。

　貧困のなかにも「絶対的貧困」と「相対的貧困」という2種類がある。

　絶対的貧困とは，衣類や食料がない，住む場所がないといった，衣・食・住において，人間として最低限の生活を営むことができない状態をいう。

　相対的貧困とは，国民の年間所得の中央値の50%に満たない所得水準の人々の状態を指す。国内で相対的貧困と言われるのは，年収が約122万円以下であるので，月収では10万円強となる。

　子どもの相対的貧困率は，1990年代半ば頃からおおむね上昇傾向にあり，2012（平成24）年には16.3%となっている。子どもがいる現役世帯の相対的貧困率は16.1%であり，そのうち，大人が1人の世帯の相対的貧困率が54.6%と，大人が2人以上いる世帯に比べて非常に高い水準となっている。

② 子供の貧困対策に関する大綱

　「子供の貧困対策に関する大綱」は，2013（平成25）年に成立した「子どもの貧困対策の推進に関する法律」を受け，2014（平成26）年に閣議決定されたが，2019（平成31）年6月の議員立法による子供の貧困対策の推進に関する法律の一部の改正を踏まえて，同年11月29日に新たに策定された。

　目的・理念として，「現在から将来にわたって，全ての子供たちが前向きな気持ちで夢や希望を持つことのできる社会の構築を目指す」「子育てや貧困を家庭のみの責任とするのではなく，地域や社会全体で課題を解決するという意識を強く持ち，子供のことを第一に考えた適切な支援を包括的かつ早期に講じる」を掲げている。

　基本的な方針として，「親の妊娠・出産期から子供の社会的自立までの切れ目ない支援」「支援が届かない，又は届きにくい子供・家庭への配慮」「地

┌─ Ⅱ基本的な方針 ─────────┐ ┌───────── Ⅳ指標の改善に向けた重点施策 ─────────┐

Ⅱ基本的な方針

○親の妊娠・出産期から子供の社会的自立までの切れ目ない支援
○支援が届いていない，又は届きにくい子供・家庭への配慮
○地方公共団体による取組の充実

など

Ⅳ指標の改善に向けた重点施策

教育の支援

○幼児教育・保育の無償化の推進及び質の向上
○地域に開かれた子供の貧困対策のプラットフォームとしての学校指導・運営体制の構築
 ・スクールソーシャルワーカーやスクールカウンセラーが機能する体制の構築，少人数指導や習熟度別指導，補習等のための指導体制の充実等を通じた学校教育による学力保障
○高等学校等における修学継続のための支援
 ・高校中退の予防のための取組，高校中退後の支援
○大学等進学に対する教育機会の提供
○特に配慮を要する子供への支援
○教育費負担の軽減
○地域における学習支援等

生活の安定に資するための支援

○親の妊娠・出産期，子供の乳幼児期における支援
 ・特定妊婦等困難を抱えた女性の把握と支援等
○保護者の生活支援
 ・保護者の自立支援，保育等の確保等
○子供の生活支援
○子供の就労支援
○住宅に関する支援
○児童養護施設退所者等に関する支援
 ・家庭への復帰支援，退所等後の相談支援
○支援体制の強化

Ⅲ子供の貧困に関する指標

○生活保護世帯に属する子供の高校・大学等進学率
○高等教育の修学支援新制度の利用者数
○食料又は衣服が買えない経験
○子供の貧困率
○ひとり親世帯の貧困率

など，39の指標

保護者に対する職業生活の安定と向上に資するための就労の支援

○職業生活の安定と向上のための支援
 ・所得向上策の推進，職業と家庭が安心して両立できる働き方の実現
○ひとり親に対する就労支援
○ふたり親世帯を含む困窮世帯等への就労支援

経済的支援

○児童手当・児童扶養手当制度の着実な実施
○養育費の確保の推進
○教育費負担の軽減

施策の推進体制等

〈子供の貧困に関する調査研究等〉
○子供の貧困の実態等を把握するための調査研究
○子供の貧困に関する指標に関する調査研究
○地方公共団体による実態把握の支援

〈施策の推進体制等〉
○国における推進体制
○地域における施策推進への支援
○官公民の連携・協働プロジェクトの推進，国民運動の展開
○施策の実施状況等の検証・評価
○大綱の見直し

図8−6　子供の貧困対策に関する大綱（概要）

出典：内閣府「子供の貧困対策に関する大綱（概要）」.

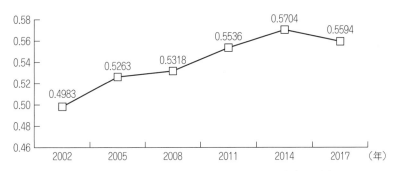

図8-7　所得再分配による所得格差是正効果（ジニ係数）

出典：厚生労働省「平成29年 所得再分配調査報告書」より作成.

方公共団体による取組の充実」などを打ち出している。

　指標について，「ひとり親の正規雇用割合」「食料や衣服の困窮経験」など
を追加し，25項目から39項目に増やした。

（2）格差社会

　格差社会とは，所得や資産，健康などといったさまざまな基準によって差
が生じてしまい階層化している社会を意味する言葉である。

　所得格差を測る指標にはジニ係数が主に使われている。ジニ係数とは，所
得の均等度を表す指標である。0から1までの値をとり，最小値0に近いほ
ど所得格差が小さく，最大値の1に近いほど所得格差が大きいことを示す。

　3年おきに行われている厚生労働省の調査は，このジニ係数を用いており，
その調査によると，所得格差は図8-7のように年々開いており，格差社会
の中でも最も問題視されている格差の1つであることがわかる。

3．要保護児童家庭への支援

（1）要支援家庭

　東京都福祉保健局「要支援家庭の把握と支援のための母子保健事業のガイ
ドライン」によると，要支援家庭とは，「保護者の状況，子どもの状況，養
育環境に何らかの問題を抱え，それを放置することで養育が困難な状況に陥
る可能性がある家庭」である。この場合要支援家庭は，保護者が自ら支援を
必要と考えていない場合も含む。図8-8は要支援家庭には，すでに虐待が
起こっている家庭，虐待のリスクを抱えた家庭，育児不安や負担感を抱えた
家庭など，さまざまな段階があることを示している。

　また，要支援家庭が抱えている問題は，子育てに関わる問題だけでなく，
夫婦関係・家庭内の不和・経済的困窮など多くの生活問題もある。家庭環境

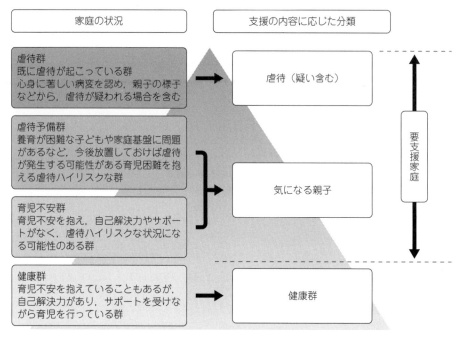

家庭の状況	支援の内容に応じた分類

虐待群
既に虐待が起こっている群
心身に著しい病変を認め，親子の様子などから，虐待が疑われる場合を含む

→ 虐待（疑い含む）

虐待予備群
養育が困難な子どもや家庭基盤に問題があるなど，今後放置しておけば虐待が発生する可能性がある育児困難を抱える虐待ハイリスクな群

育児不安群
育児不安を抱え，自己解決力やサポートがなく，虐待ハイリスクな状況になる可能性のある群

気になる親子

健康群
育児不安を抱えていることもあるが，自己解決力があり，サポートを受けながら育児を行っている群

→ 健康群

要支援家庭

図8-8　要支援家庭の定義
出典：東京都福祉保健局「要支援家庭の把握と支援のための母子保健事業のガイドライン」．

の不安定さや地域との関わりが希薄で地域の支えを得ることができないでいることなども考えられる。

（2）要保護児童

　要保護児童は，児童福祉法に基づいた保護的支援を要する児童で，児童福祉法第6条の3第8項には「保護者のない児童又は保護者に監護させることが不適当であると認められる児童」と定義されている。

　具体的な対象者として，次のような児童が該当する。

- ・被虐待児童や非行児童など保護者が虐待している児童
- ・保護者が著しい無理解また無関心なため放任されている児童
- ・保護者が労働または疾病などのため必要な監護を受けることのできない児童
- ・知的障害また肢体不自由等の児童で保護者のもとにあって，十分な監護が行われないため，専門児童福祉施設に入所して保護，訓練・治療したほうがよいと認められる児童
- ・不良行為（犯罪行為含む）をなし，またなす恐れのある児童
- ・孤児や保護者に遺棄された児童
- ・保護者が長期拘禁中の児童

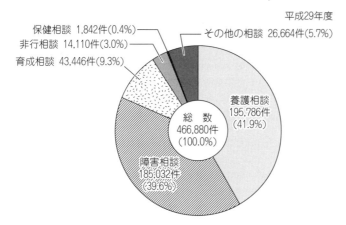

平成29年度

保健相談　1,842件(0.4%)

非行相談　14,110件(3.0%)

育成相談　43,446件(9.3%)

その他の相談　26,664件(5.7%)

養護相談
195,786件
(41.9%)

総　数
466,880件
(100.0%)

障害相談
185,032件
(39.6%)

図8-9　児童相談所における相談の種類別対応件数

出典：厚生労働省「平成29年度福祉行政報告例の概況」．

・家出した児童など

　要保護児童を発見した者は，児童相談所や市町村へ通告する義務を負う（児童福祉法第25条）。市町村に通告された場合は，要保護児童対策地域協議会などを通じて支援や保護を受ける。緊急性や要保護性が高いと判断された場合，一時保護（児童福祉法第33条）の対象となる場合もある。

（3）児童相談所における要保護児童家庭への相談支援

　児童相談所は，市町村と適切な役割分担・連携を図りつつ，子どもに関する家庭その他からの相談に応じ，子どもが有する問題または子どもの真のニーズ，子どもの置かれた環境の状況等を的確にとらえ，個々の子どもや家庭に最も効果的な援助を行っている。相談の種類としては，大きく分けて養護相談・保健相談・障害相談・非行相談・育成相談・その他の相談に分けられる。表8-4に示した通り子どもに関係するあらゆる問題解決のための相談に応じている。

　図8-9に示したように，2017（平成29）年度中の児童相談所における相談件数は46万6,880件となっている。種類別にみると，「養護相談」が19万5,786件（構成割合41.9%）と最も多く，次いで「障害相談」が18万5,032件（同39.6%），「育成相談」が4万3,446件（同9.3%）となっている。また，「養護相談」の構成割合は年々上昇している

　2017（平成29年）度中に児童相談所が対応した養護相談のうち児童虐待相談の対応件数は13万3,778件で，前年度に比べ1万1,203件（9.1%）増加している。また，2018年（平成30年）度の児童相談所による児童虐待相談対応件数（速報値）は，厚生労働省の公表によると，件数は15万9,850件で，前

表 8-4　受け付ける相談の種類及び主な内容

養護相談	1．児童虐待相談	児童虐待の防止等に関する法律の第 2 条に規定する次の行為に関する相談 (1)身体的虐待：生命・健康に危険のある身体的な暴行 (2)性的虐待：性交，性的暴行，性的行為の強要 (3)心理的虐待：暴言や差別など心理的外傷を与える行為，児童が同居する家庭における配偶者，家族に対する暴力 (4)保護の怠慢，拒否（ネグレクト）：保護の怠慢や拒否により健康状態や安全を損なう行為及び棄児
	2．その他の相談	父又は母等保護者の家出，失踪，死亡，離婚，入院，稼働及び服役等による養育困難児，迷子，親権を喪失・停止した親の子，後見人を持たぬ児童等環境的問題を有する子ども，養子縁組に関する相談。
保健相談	3．保健相談	未熟児，虚弱児，ツベルクリン反応陽転児，内部機能障害，小児喘息，その他の疾患（精神疾患を含む）等を有する子どもに関する相談
障害相談	4．肢体不自由相談	肢体不自由児，運動発達の遅れに関する相談。
	5．視聴覚障害	相談盲（弱視を含む），ろう（難聴を含む）等視聴覚障害児に関する相談。
	6．言語発達障害等相談	構音障害，吃音，失語等音声や言語の機能障害をもつ子ども，言語発達遅滞を有する子ども等に関する相談。ことばの遅れの原因が知的障害，自閉症，しつけ上の問題等他の相談種別に分類される場合は該当の種別として取り扱う。
	7．重症心身障害相談	重症心身障害児（者）に関する相談。
	8．知的障害相談	知的障害児に関する相談。
	9．発達障害相談	自閉症，アスペルガー症候群，その他広汎性発達障害，学習障害，注意欠陥多動性障害等の子どもに関する相談。
非行相談	10．ぐ犯等相談	虚言癖，浪費癖，家出，浮浪，乱暴，性的逸脱等のぐ犯行為若しくは飲酒，喫煙等の問題行動のある子ども，警察署からぐ犯少年として通告のあった子ども，又は触法行為があったと思料されても警察署から法第25条による通告のない子どもに関する相談。
	11．触法行為等相談	触法行為があったとして警察署から法第25条による通告のあった子ども，犯罪少年に関して家庭裁判所から送致のあった子どもに関する相談。受け付けた時には通告がなくとも調査の結果，通告が予定されている子どもに関する相談についてもこれに該当する。
育成相談	12．性格行動相談	子どもの人格の発達上問題となる反抗，友達と遊べない，落ち着きがない，内気，緘黙，不活発，家庭内暴力，生活習慣の著しい逸脱等性格もしくは行動上の問題を有する子どもに関する相談。
	13．不登校相談	学校及び幼稚園並びに保育所に在籍中で，登校（園）していない状態にある子どもに関する相談。非行や精神疾患，養護問題が主である場合等には該当の種別として取り扱う。
	14．適性相談	進学適性，職業適性，学業不振等に関する相談。
	15．育児・しつけ相談	家庭内における幼児の育児・しつけ，子どもの性教育，遊び等に関する相談。
	16．その他の相談	1～15のいずれにも該当しない相談。

出典：厚生労働省「児童相談所の運営指針について」．

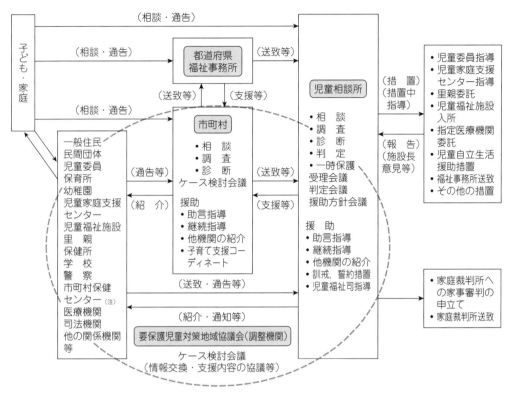

図 8-10　市町村・児童相談所における相談援助活動系統図

注：市町村保健センターについては，市町村の児童家庭相談の窓口として，一般住民等からの通告等を受け，相談得
　　助業務を実施する場合も想定される。
出典：厚生労働省「児童相談所の運営指針について」。

年度より2万6,072件（19.5%）増え，過去最多を更新した。

　図8-10は，児童相談所を中心とした子ども虐待の発見から援助までの流
れを示したものである。

　子ども本人やその家族から相談や通告を受けた児童相談所は，子どもや家
庭についての情報を収集し，子どもの安全をまず確保する。

（4）市区町村における要保護児童家庭への相談支援

　市区町村で受理する要保護児童家庭の相談は，多岐にわたり，一般子育て
に関する相談だけでなく，児童虐待，障害等に関する相談もある。要保護児
童問題のみでなく，子どもに関する各種の相談を幅広く受け付けることとな
る。

　市区町村には，子どもの最も身近な場所における子どもの福祉に関する支
援等に係る業務を行うことが役割・責務とされていることを踏まえ，子ども
とその家庭及び妊産婦等を対象に，実情の把握，子ども等に関する相談全般
から通所・在宅支援を中心としたより専門的な相談対応や必要な調査，訪問

等による継続的なソーシャルワーク業務までを行うことが求められており，そのために，その拠点として2017（平成29）年度から市区町村子ども家庭総合支援拠点が整備されている。

（5）要保護児童対策地域協議会における要保護児童家庭への相談支援

　要保護児童対策地域協議会は，2004（平成16）年児童福祉法改正法において，法的に位置づけられた。

　設置の目的は，要保護児童の早期発見や適切な保護を図るために，関係機関が子どもと子育て家庭に関する情報や考え方を共有し，適切な連携の下で対応し，さまざまな関係機関の円滑な連携・協力体制を確保することにある。

　なお，具体的な内容・方法については，地域の実情に応じてさまざまな形態により運営されている。

演習問題

1．児童虐待を早期発見するためには，どのような点に気をつけておく必要があるか考えてみよう。
2．子どもの貧困の現状について考えてみよう。
3．ひとり親家庭の状況と課題について考えてみよう。

引用・参考文献

柏女霊峰（2020）『子ども家庭福祉論 第6版』誠信書房.

厚生労働省「みんなのメンタルヘルス」
　　　https://www.mhlw.go.jp/kokoro/support/3_06notebook.html
　　　（2020年4月22日）

厚生労働省「療育手帳制度について」
　　　https://www.mhlw.go.jp/content/11920000/000462034.pdf
　　　（2020年4月22日）

厚生労働省「児童相談所の運営指針について：図表」
　　　https://www.mhlw.go.jp/bunya/kodomo/dv-soudanjo-kai-zuhyou.html
　　　（2020年6月25日）

厚生労働省　障害児支援の在り方に関する検討会「今後の障害児支援の在り方について（報告書）～「発達支援」が必要な子どもの支援はどうあるべきか～」

子育て支援コーディネーター調査研究会（2013）『子育て支援コーディネーターの役割と位置づけ』NPO法人子育てひろば全国連絡協議会.

文部科学省「日本語指導が必要な児童生徒の受入状況等に関する調査（平成30年度）」の結果について」

才村純・芝野松次郎・新川泰弘・宮野安治編著（2019）『子ども家庭福祉専門職のための子育て支援入門』ミネルヴァ書房.

芝野松次郎・新川泰弘・宮野安治・山川宏和編著（2020）『子ども家庭福祉入門』ミネルヴァ書房.

東京都福祉保健局「要支援家庭の把握と支援のための母子保健事業のガイドライン」（平成17年）

https://www.fukushihoken.metro.tokyo.lg.jp/kodomo/koho/youshien_guideline.html　（2020年6月10日）

（室谷雅美）

第9章　発達支援が必要な子どもと家庭の理解と援助

　近年，発達障害が広く認知されたことなどもあり，個別の発達支援が求められている。本章では，「発達支援が必要な子ども」として，主に障害をもっている子どもについて取り上げる。障害をどのようにとらえるかを整理したうえで，各障害の概略と支援の方法について学んでいく。

1. 障害の概念と分類

（1）障害の概念

　障害を客観的にとらえ，障害をもっている子どもを理解するために，まず障害がどのように定義・分類されているかを整理しておきたい。

　障害を客観的にとらえるモデルには，1980年に「障害構造モデル」として世界保健機構（World Health Organization：WHO）が発表した国際障害分類（International Classification of Impairments, Disabilities, and Handicaps：ICIDH）がある（図9-1）。このモデルでは，疾患または変調（Disease or Disorder）によって，身体の欠損や脳の機能不全といった機能・形態障害（Impairment）が引き起こされ，これが外出やコミュニケーションの困難といった能力障害（Disability）を生み出すとされる。

　障害者は，機能・形態障害や能力障害をもちながらも，なんとか社会に適応し自己実現を達成するために一個人として努力し，周囲のサポートなども受けながら生活を営むが，時として教育や就業，余暇活動や居住などの希望が叶わないことがある。このモデルでは，このような社会的な困難を社会的不利（Handicap）としている。

　このモデルについては，障害が構造的にとらえられた点は大きなメリットだったが，「障害者自身が障害をどのようにとらえるかといった点が考慮されていない」「疾患が障害を必ず引き起こす運命論的なものであり，社会的不利の原因・要因が個人の障害によるものととらえられてしまう」といったデメリットもあった。

　そのために，WHOは2001年に国際生活機能分類（International Classification of Functioning, Disability and Health：ICF）を承認し，現在ではこのモデルが広く用いられている（図9-2）。ICFでは，病気や変調といった健康状態は，心身機能や身体構造だけでなく，生活場面上の活動や人生レベルでの参

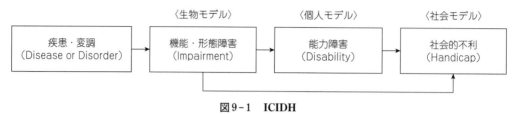

図9-1　ICIDH

出典：文部科学省（2006）をもとに作成.

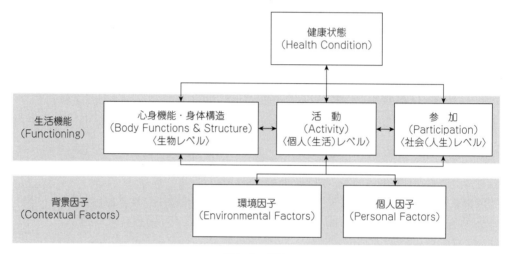

図9-2　ICF

出典：世界保健機関（2002）をもとに作成.

加も含めた「生活機能」と，社会的環境や個人の特徴といった「背景因子」の相互作用として考えられる「相互作用モデル」の形をとっている。ICF は「障害」をもつ人だけではなく，すべての人の健康状態や健康関連領域を扱うものとして示されている。

（2）障害の分類

　日本では，障害をどのように分類しているのだろうか。日本の障害者福祉に関する基本法である障害者基本法第2条では，障害者を以下のように規定している。

　第二条　この法律において，次の各号に掲げる用語の意義は，それぞれ当該各号に定めるところによる。

一　障害者　身体障害，知的障害，精神障害（発達障害を含む。）その他の心身の機能の障害（以下「障害」と総称する。）がある者であつて，障害及び社会的障壁により継続的に日常生活又は社会生活に相当な制限を受ける状態にあるものをいう。

> 身体障害　＊身体障害者手帳交付条件による

- 視覚障害
- 聴覚又は平衡機能の障害
- 音声機能，言語障害又は咀嚼機能の障害
- 肢体不自由
- 心臓，腎臓又は呼吸器の機能の障害
- 膀胱又は直腸の機能の障害
- 小腸の機能の障害
- ヒト免疫不全ウイルスによる免疫の機能の障害
- 肝臓の機能の障害

> 知的障害　＊厚生労働省（知的障害児（者）基礎調査）による

- 知的機能の障害が発達期（おおむね18歳まで）にあらわれ，日常生活に支障が生じているため，何らかの特別の援助を必要とする状態にあるもの

> 精神障害　＊精神障害者保健福祉手帳交付条件による

- 統合失調症
- うつ病，躁うつ病などの気分障害
- てんかん
- 薬物やアルコールによる急性中毒又はその依存症
- 高次脳機能障害
- 発達障害（自閉症，学習障害。注意欠陥多動性障害等）
- その他の精神疾患（ストレス関連障害等）

> その他の心身の機能の障害

- 難病等に起因する障害

図9-3　障害分類（図内出典をもとに作成）

> 二　社会的障壁　障害がある者にとつて日常生活又は社会生活を営む上で障壁となるような社会における事物，制度，慣行，観念その他一切のものをいう。

　このことから，障害は大きく「身体障害」「知的障害」「精神障害」「その他の心身の機能の障害」に分けられていることがわかる（図9-3）。

2．各障害の理解

（1）視覚障害・聴覚障害

　視覚障害は「視ること」，聴覚障害は「聴くこと」の障害といえる。「視ること」「聴くこと」は，私たちが外界から情報を取り入れコミュニケーションを図るうえで重要な機能である。そのため，この機能が障害されるとコミュニケーションに大きな困難が生じることとなる。

　視覚障害には，視えるかどうかに関する「視力障害」，視野狭窄や視野欠損など視える範囲に関する「視野障害」，色盲など色の弁別に関する「色覚

障害」などがある。視覚を活用した生活や学習における障害の程度からは「盲」と「弱視」に分類される。

　　「盲」　点字を常用し，主として聴覚や触覚を活用した学習を行う必要のある者。両眼矯正視力0.02未満を盲，0.02以上0.04未満を準盲という。

　　「弱視」　視力が0.3未満の者のうち，普通の文字を拡大して活用するなど，主として視覚による学習が可能な者。

　聴覚障害には，外耳や中耳に問題があり聴こえそのものの障害である「伝音性難聴」，内耳以降に問題があり音の歪みなどが生じる障害である「感音性難聴」，伝音性難聴と感音性難聴が合併した「混合性難聴」などがある。聴覚を活用した生活や学習における障害の程度からは「聾」と「難聴」に分類される。

　　「聾」　手話を使って日常的にやり取りしているもの。
　　「難聴」　残っている聴力や文字情報，口形，音声言語などを使って生活しているもの。

（2）構音障害

　構音障害とは，一部の音がうまく発声できず，音の省略や置き換え，ゆがみなどが起きる障害である。困難が生じるのは発声に関してであり，ことばの理解や伝えたい内容の整理などには問題がない。原因としては口蓋裂などの構音器官の構造自体に問題がある場合や，脳性麻痺などの運動に関する神経学的な問題がある場合がある。

　構音障害以外の言語障害としては，吃音と選択性緘黙（かんもく）がある。吃音は，幼児期からみられる流暢性の障害で，最初の音が詰まる「難発」，同じ音節を繰り返す「連発」，音を引き伸ばす「伸発」の3つの主症状がある。選択性緘黙は，話す能力があり家庭などでは話すことができているにもかかわらず，ある特定の状況で話せなくなる症状のことである。「緘」はとじ目のことを指し，自身のもつ能力などとは関わりなく，不安などの心理的な要因でストップがかかってしまうことを示している。吃音も選択性緘黙も，失語症のように言語機能の中枢が損傷されて機能が障害されているわけではない。

（3）肢体不自由

　肢体不自由とは，四肢（上肢，下肢），体幹が通常のように動かせない機能不全の状態が永続的であることを指す。肢体不自由として示される実際の様子（臨床像）は，非常に多種多様である（表9-1）。また，肢体不自由は，母体への薬剤投与や二分脊椎などによる先天的なものや，脳性麻痺や進行性

表 9-1　肢体不自由児の臨床像

身体面	① 姿勢段階（寝たきり～立位）と姿勢変換の程度 ② 移動手段（寝たきり，寝返り，ずり這い・四つ這い等，車いすによって自ら移動できない者・移動できる者，ウォーカー利用，杖利用，自立歩行，等） ③ 上肢機能の程度（まったく使えない～問題なし） ④ 運動麻痺の有無とある場合の部位および質（筋緊張異常＝低緊張，過剰緊張）とその程度 ⑤ 感覚麻痺の程度と範囲 ⑥ 身体の変形等の異常（側彎，拘縮，股関節脱臼等）の有無 ⑦ 呼吸機能の程度（気道切開の有無，レスピレータ利用の有無，浅く弱い呼吸で喘鳴，問題なし，等） ⑧ 嚥下・摂食の程度（経管栄養，胃瘻，ミキサー食，液体のとろみづけ，介助の必要性の程度〈全介助～自力で食べることができる〉，等） ⑨ 排泄の状況（便秘の有無と薬の利用，導尿の必要性〈自己／介助〉） ⑩ てんかんや水頭症，心臓病などの合併症の有無
精神面	⑪ 知的障害や感覚障害（軽～重度），自閉症スペクトラム障害等の有無（他障害の重複状況） ⑫「見え」（斜視などの眼位異常，視野欠損，低視力，視知覚障害等の結果として），「聞こえ」（聴力低下，入力の程度の左右差等の結果として），それらの優位性（聴覚優位，視覚優位） ⑬ 意思表出の程度（ほとんど表出なし，快・不快の表現，発声，舌出しなど保有する運動機能を利用した表現，1・2語文，話せる，構音障害等の有無と程度，等） ⑭ 記憶力，学習力の程度

出典：西村・水田（2019）.

表 9-2　肢体不自由の起因疾患の概要

疾患名	疾患部位	概要
脳性麻痺	脳	最も多いとされる痙直型脳性麻痺では，筋緊張が高く四肢をうまく動かしにくい。下肢に強く見られやすい。症状が重いと四肢麻痺となり，全身に強く表れる。
二分脊椎	脊髄	先天的な脊椎・脊髄の形成不全。多くは腰に見られ，下肢麻痺や膀胱直腸障害がある。
脊椎性筋萎縮症（SMA）	末梢神経	幼児期発症にはⅡ型が多い。Ⅰ型の方が重篤である。神経異常によって筋肉が萎縮し，歩行などが困難になる。
筋ジストロフィー	筋肉	福山型先天性筋ジストロフィーでは，早期発症で知的障害を有する。筋肉の異常によって筋肉が萎縮する。
骨形成不全症	骨	骨がもろくなり骨折しやすくなる。

筋ジストロフィーといった後天的疾患，事故などによる欠損など，さまざまな原因によって起こりうる。

　起因疾患としては，脳（脳性麻痺など），脊髄（二分脊椎など），末梢神経（脊髄性筋萎縮症など），筋肉（進行性筋ジストロフィーなど），骨や関節（骨形成不全症など）といった，人の随意運動をつかさどる器官・部位での障害・疾患が挙げられる（表 9-2）。

（4）知的障害

　知的障害（知的能力障害）とは，発達期に発症し，概念的，社会的，および実用的な領域における知的機能と適応機能両面の欠陥を含む障害である。

知的機能とは，標準化された知能検査における論理的思考，問題解決，計画，抽象的思考，判断，学校での学習，および経験からの学習などの能力である。標準化された知能検査は，一般的にビネー式知能検査やウェクスラー式知能検査を指す。

適応機能は，日常生活の中で困らないように営みを行う能力を指し，DSM-5では，「概念」「社会性」「実用」の3つの領域に分けられる。「概念」は，記憶，読み書き，言語，実用的な知識，新奇場面における判断などである。「社会性」は，他者への関心，共感，対人コミュニケーション，規則を守ること，社会的判断などである。「実用」は，身の回りの自立，金銭管理，交通機関の利用，余暇活動，自己管理などである。厚生労働省では，適応機能を「日常生活能力」とし，年齢別での判断の基準となる「日常生活能力水準」を作成しており，この能力水準と知的機能によって，程度別判定が導き出される。

（5）発達障害

発達障害は，「自閉症，アスペルガー症候群その他の広汎性発達障害，学習障害，注意欠陥多動性障害その他これに類する脳機能の障害であってその症状が通常低年齢において発現するものとして政令に定めるもの」と発達障害者支援法で定義されている。発達障害には，注意の持続が難しい不注意やじっとしていられない多動性，思った瞬間に行動してしまう衝動性が特徴の「注意欠陥多動性障害（AD/HD）」，全般的な知的発達に遅れはないものの，話す，読む，書く，計算する，推論するなどの能力のうち特定のものの習得と使用が難しい「学習障害（LD）」，社会的コミュニケーションの持続的な障害と，行動や興味，活動の反復的なパターンが見られる「自閉症スペクトラム障害（ASD）」などが挙げられる。

3．障害のある子どもと家庭の支援

（1）発達を促す対応と環境

ICFが示しているように，障害は，「心身機能・身体構造」だけではなく，「活動」や「参加」によっても規定されているのであるが，したがって，その構造や機能が社会的不利につながるか，またどのような発達をたどるかには，物的環境や人的環境が大きく関わっている。ここでは，障害をもつ子どもたちだけでなく，障害をもたない，いわゆる健常の子どもたちも含めた対応や環境について取り上げる。

まず，構造や機能の問題を埋める補助具・ツールについてであるが，近年，

医療技術や介護技術が進歩したことから，数多くの補助具が開発されている。

　視覚障害に関しては，補装具として白杖や遮光眼鏡などがある。近年では，パーム・ソナーという超音波を発して障害物を探知する器具も開発されている。また，情報伝達やコミュニケーションツールとしては，点字が古くから使われているが，近年では，触知型，音声型，振動型などさまざまなツールが開発されている。

　聴覚障害に関しては，補装具として補聴器がある。補聴器はマイクとスピーカーが一体になったもので，周囲の音をマイクで拾い，増幅してスピーカーで耳に送るものである。近年では，耳介の後ろにある骨に音波振動を照射する骨導式の補聴器もある。また，情報伝達やコミュニケーションツールとしては，手話や筆談が古くから使われているが，筆談では紙を消費せず繰り返し使える筆談ボードが用いられるようになっている。近年では，距離の離れた発話者の声やテレビの音などを無線や赤外線で飛ばし耳元で聞くシステムや，光や色を用いた災害時連絡ツールが生まれているほか，字幕放送や手話ニュースなどもある。

　肢体不自由に関しては，補装具として車椅子や義肢などがある。車椅子にも従来の量産型のものだけでなく，座り心地や操作性を高めたオーダーメイドのものもある。自身で車輪操作が難しい場合には，電動操作のできる車椅子もある。情報伝達やコミュニケーションツールとしては，書見台や文字盤などがある。近年では，電子技術の進歩によって，ハンズフリー通話や携帯用会話補助装置があるほか，パソコンやスマートフォン，タブレット端末などを用いて音声出力するなどの意思伝達が可能となっている。

　知的障害に関しては，知的機能を補助する補装具などはないが，頭部保護のためにヘッドギアが用いられることがある。

　発達障害に関しては，感覚過敏の軽減のために遮光眼鏡やデジタル耳栓，遮音ヘッドホンなどが用いられることがある。

　次に，環境整備についてみると，上記の補助具・補装具でもみられたように，身体障害などによって構造や機能に欠陥のある場合，他の器官や感覚を代わりに使用することが多いため，複数の感覚を用いることができるように情報を提示するなどの工夫が求められている。また，知的障害や発達障害では，感覚面の過敏さがあるために，刺激が存在するとそこに注意が向きやすい傾向がある。それゆえ，余計な刺激を取り除いたり隠したりする必要が生じる。逆に，音や光を使って注意をひきつける工夫をすることも重要である。

　また，発達障害の環境構成として，「構造化」がある。これは，ノースカロライナ大学において自閉スペクトラム症の特性に合わせて開発された TE-ACCH プログラムによって提唱されたものであるが，他の発達障害や知的

障害の子どもや大人にも有効であるとされている。構造化は，ここはなにをする場所なのか，どのような予定になっているのか，などを視覚的に示す方法であり，発達障害の人へ環境の意味を教えることを目的とする。構造化で伝えるべき情報は，① どこで（Where），② いつ（When），③ なにを（What），④ どれだけ，いつまで（How much），⑤ どのようなやり方で（How to do），⑥ 終わったら次に何をするのか（What's next），の6つである。こうした情報を伝えるのは，ASDの人は，目に見えないもの，抽象的なことを考えることが不得意だからである。この6つの情報を伝えるために，4つの構造化の方法がある。

> 1．物理的構造化：空間と活動を1対1で対応されることで活動の見通しを示す，つい立てなどで刺激を遮断する，置き場所や整理する場所を示す
> 2．スケジュール：時間という目に見えない流れを視覚化する
> 3．タスクシステム：個々の活動の見通しを示す
> 4．視覚的構造化：課題や活動のやり方を示す

（2）保護者や家庭に向けた支援

　子をもつ親の多くは，「わが子には五体満足で，身体的にも精神的にも健やかに育ってほしい」と望むものであり，それゆえに，「自分の子育ては間違っていないだろうか」「わが子にとってよい子育てができているのだろうか」と思い悩むものである。さらに，わが子が重大な疾患や障害をもっているかもしれないとなれば，そのショックや不安は計り知れない。保護者の抱く不安や心配を取り除くために，保育者は保護者の置かれた状況を把握し，一緒に子どもを支えていく視点と姿勢をもつことが必要である。そのためにも，保育者と保護者の信頼関係の構築は欠かせない。

　親が子どもの障害を受け入れることは決して容易なことではない。障害受容には3つの過程があるといわれている。

① Drotar の段階説

　Drotar（1975）は，先天的奇形をもつ子どもの親の心境の変化を「ショック」「否認」「悲しみと怒り」「適応」「再起」の5段階に分類している（図9-4）。

> Ⅰ．ショック：子どもに思い描いていた未来像が変わることによるショック。
> Ⅱ．否認：障害の診断に疑いや不信感を抱く。障害を認めない心理が働き，医療機関を転々とするドクター・ショッピングなどが見られる。

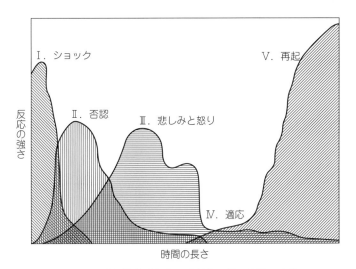

図9-4　先天的奇形をもつ子どもの親の心境の変化

出典：Drotar, D. et al. (1975: 710-717).

Ⅲ．悲しみと怒り：子どもや自分自身に対して悲しみや怒りなどの感情
　　が現れる。子どもに愛着を感じることへのためらいや違和感が生まれる。

Ⅳ．適応：感情的な揺れ動きが落ち着き，書籍などから得られる知識や
　　同じ境遇の保護者からの経験談などに触れ，受け入れの下地が形成さ
　　れる。

Ⅴ．再起：罪障感から回復し，子どもの近未来についての展望が形成さ
　　れる。「共に頑張ろう」という気持ちがもてるようになる。

② 慢性的悲哀説

　親は，常に悲哀を抱えているわけではなく，子どもの成長の節目（保育
所・幼稚園への入園や小学校入学，進学，就職など）で周期的に「わが子に
障害がなければ」などの思いが再燃してしまうとするもの。

③ 螺旋形モデル

　段階説と慢性的悲哀説を合わせたようなもので，「子どもと共に頑張ろう」
という気持ちと「障害がなければ」という悲哀を行ったり来たりするとする
もの。この段階を繰り返すことで，親は子どもの障害を理解し，障害の有無
にかかわらず子どもの存在をありのままに受け入れられるようになる。

　当然のことだが，子どもの障害に向き合う心的過程はさまざまであり，
ショックの深さもその示し方も，要する労力も時間もそれぞれである。保護
者の言葉に傾聴し思いに寄り添うことを基本とし，障害受容の過程はあくま

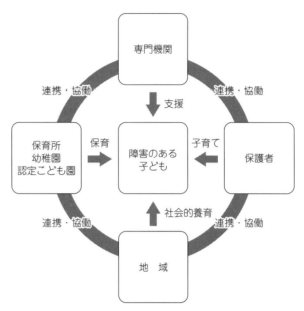

図9-5　連携と協働について
出典：西村・水田（2019）をもとに筆者改変．

で参考として活用すべきである。

　障害の有無にかかわらず，保育者から保護者に伝えなければならないことや，保育者が保護者から情報を提供してほしいと感じることは，数多くある。時には，保護者にとって聞きたくない内容を伝え，尋ねにくい内容の質問を投げかけなければならないこともある。そのためには，日頃からのなにげないあいさつやちょっとした会話，子どもの様子の報告や近況の確認といった小さなコミュニケーションの積み重ねが重要である。こうした積み重ねによって，「いつも気にかけてくれている保育者」と保護者が感じることから，保育者と保護者の信頼関係が生まれてくる。

（3）連携の必要性

　障害のある子どもの成長や発達を促すためには，保護者や保育者がそれぞれで実践しているだけでは難しい。まず，保育者と保護者が連絡を密に取り合い，協働・連携していく必要がある。また，保育所や幼稚園・認定こども園は，障害児（者）に特化した施設ではないので，障害をもつ子どもの支援をよりよく進めていくためには，専門機関との協働や連携も欠かせないものである。

　ここで，「協働」と「連携」の言葉の意味について簡単に述べておくと，協働とは「複数の人々が互いの役割や特性，専門性を尊重し合いながら，1つのチームとしてともに力を合わせ目標に向かって取り組むこと」を指す。

表9-3　地域の専門機関

分類	主な機関	概要
医療機関	病院 診療所	障害や疾病の診断および治療を行う。 乳幼児期に発見される障害を有する場合，早期から医療機関にかかわるケースが多い。 服薬している場合なども，情報の共有は不可欠。
保健機関	保健センター 保健所	乳幼児健康診査の実施機関。 妊娠時の異常や出生後の障害・疾病に関して，保育士による継続支援や療育が行われる。 障害や虐待のリスクを早期発見し，専門機関につなぐ役割もある。
相談機関	児童相談所 福祉事務所 相談支援事業所 発達障害者支援センター	発達や心理状態の助言指導，一時保護，里親委託，施設入所措置，知的障害の認定，療育手帳の交付，療育などの障害福祉サービス事業の相談，障害福祉制度の利用申請窓口業務などを行う。 近年では，虐待の未然防止や早期発見，保育所等への専門的・技術的支援，同じ立場の親が支援を行うペアレントメンターの育成など，数多くの役割を担うようになってきている。
障害児支援機関	児童発達支援センター 児童発達支援事業所 障害児入所施設	地域療育の拠点として，子どもの発達相談や保育所等への訪問支援を行う。 保護者からの申請に基づき，療育スタッフが保育所等を訪問し子どもに直接療育を行うほか，保育士等に相談助言を行う。 入所による療育や「居宅介護（ホームヘルプ）」や短期入所もある。
教育機関	特別支援学校 小学校	比較的障害の程度の重い子どもたちが通う特別支援学校では，地域の保育所や幼稚園等を支援する役割も担っている。 幼稚部が設置されている学校もある。
各種団体	親の会 障害者団体	同じ障害のある子どもをもつ親同士が悩みを共感し体験談を聞くことで，将来の見通しが獲得され，不安が軽減される。支え合う場として機能する。
制度的サポート	障害児（者）施設	都道府県等から「障害児等療育支援事業」として保護者の療育相談や地域の保育所の依頼に基づき巡回指導を行っている。

それぞれの専門性をもつ者が，1つのチームとして，1つの目標に向かって計画し行動することである。いっぽう連携は，「互いに連絡をとり協力して物事を行うこと」を指す。もともと別の目的をもって活動している人々や組織が適宜やり取りを行い，参画していくことを指す。どちらも，設定された目標に向けてそれぞれの役割や特性，専門性を発揮していくことについては，共通した概念ということができる。

　保育者がこうした協働・連携していく構造として，図9-5のような形が想定される。

保育所保育指針第1章の「3　保育の計画及び評価」では，障害のある子どもの保育について，「関係機関と連携した支援のための計画を個別に作成するなど適切な対応を図ること」とされている。同様の記述は，幼稚園教育要領や幼保連携型認定こども園教育・保育要領にもある。地域にある専門機関としては表9-3のような機関がある。

演習問題

1．WHO の提唱した ICF のモデル図を自身で描いてみよう。
2．障害の分類について，まとめてみよう。
3．なぜ協働と連携が必要なのか，考えてみよう。

引用・参考文献

厚生労働省編（2018）『保育所保育指針解説』フレーベル館.

小橋明子監修，小橋拓真編著，小山内あかね・竹野内ゆかり著（2019）『障がい児保育』中山書店.

世界保健機関（2002）『国際生活機能分類——国際障害分類改定版』中央法規.

児童育成協会監修，西村重稀・水田敏郎編集（2019）『新基本保育シリーズ17　障害児保育』中央法規.

内閣府・厚生労働省・文部科学省（2018）『幼保連携型認定こども園教育・保育要領解説』フレーベル館.

文部科学省（2018）『幼稚園教育要領解説』フレーベル館.

Drotar, D. et al. (1975) "The Adaptation of parents to the birth of an infant with a congenital malformation: a hypothetical model," *Pediatrics*, 56 (5): 710-717.

アスペ・エルデの会（2018）効果的な巡回相談支援のための基本と実践
　　　https://www.mhlw.go.jp/content/12200000/000307929.pdf
　　　（2020年3月19日閲覧）

厚生労働省「身体障害者手帳」
　　　https://www.mhlw.go.jp/stf/seisakunitsuite/bunya/hukushi_kaigo/
　　　shougaishahukushi/shougaishatechou/index.html（2020年3月13日閲覧）

厚生労働省「知的障害児（者）基礎調査」
　　　https://www.mhlw.go.jp/toukei/list/101-1.html（2020年3月13日閲覧）

厚生労働省「精神障害者保健福祉手帳の障害等級の判定基準について」
　　　https://www.mhlw.go.jp/web/t_doc?dataId=00ta4615&dataType= 1 &page
　　　No=1（2020年3月13日閲覧）

内閣府「障害者基本法」
　　　https://www8.cao.go.jp/shougai/suishin/kihonhou/s45-84.html

（2020年 3 月13日閲覧）

文部科学省「ICF について」

　　https://www.mext.go.jp/b_menu/shingi/chukyo/chukyo3/032/siryo/06091306/

　　002.htm（2020年 3 月13日閲覧）

（前田雄一）

コラム4　発達障害の理解と早期支援の意義

いわゆる「発達障害」は，20世紀後半に精神疾患の中に位置づけられた分類であり，生まれつきの脳の神経発達やその働き方の個性がその原因とされる。そうしたことから，最近では「神経発達症群」とも呼ばれたりしている。この原因が，認知，言語，運動，社会的技能の獲得に歪みを生むと考えられるが，必ずしも遅れや困難だけでなく，強み，得意な面も併せ持つため，一貫した理解が得られにくい。実際，発達障害（神経発達症群）のある子どもの理解と適切な支援には長い年月がかかる。家庭支援に携わる心理，医療，福祉等の専門家は，こうした障害の特性を理解はもとより，子どもや親の悩みを理解する姿勢をもつことが重要である。その第一歩は，発達障害（神経発達症群）の現状と理解にあるといえる。

最新の文部科学省の調査から発達障害（神経発達症群）の現状の一端を知ることができる。2017年度（文部科学省，2018）において，全幼児児童生徒のうち3.2％が特別支援教育の対象となっている。このうち，通常の学校に在籍する特別支援教育の対象は1997年から20年で約4倍にも増加した。多い順にみてみると，自閉スペクトラム症，注意欠如／多動症，限局性学習症である。つまり，発達障害（神経発達症群）の子どもへの理解と支援は特別なことではない。

以下では，アメリカ精神医学会（APA，2013）の精神疾患の診断・統計マニュアルに加え，堀田（2018）を参考に，代表的な3つの発達障害（神経発達症群）の特徴を述べる。なお，症例等の名称は前述したマニュアルの日本語訳に合わせるものとする。

1　自閉スペクトラム症（Autism Spectrum Disorder）

自閉スペクトラム症の特徴は二点にまとめることができる。第一に，周囲の人との自然な相互交流が生まれつき苦手であるという点である。対人関係を築く上で必要なスキルとしての相手の感情や思いを直観的に

理解することが苦手であり，言語の獲得に困難を抱えることもある。一方で，特定の領域については知識が豊富で言葉づかいが大人びていることもあり，特定の事柄や法則に関する知識に長けていて周囲を驚かせることも少なくない。第二に，物事が一定不変であることへのこだわりを示す。たとえば，スケジュールや手順，言葉の使用法や説明の仕方，座る位置へのこだわり，特定の色の料理でないと食べない，といったようなことが見られる。最近では，特定の音や臭いをいやがる過敏さを見せる一方，寒暖や痛みに関して平気である鈍感さといった感覚の特異性についても知られるようになってきた。不器用さや運動発達の遅れ，湿度や気圧の影響を受けやすく，便秘や下痢などの自律神経の失調を抱えやすいといった症状もみられる。各発達期においてこれらの特徴が変化すること，また，特徴の目立ちやすさが人によってさまざまであることが，自閉スペクトラム症が見過ごされる原因になっている。

2　注意欠如／多動症（Attention Deficit/Hyperactivity Disorder）

AD（不注意）とHD（多動―衝動性）に症状を大別できる。「不注意」は，注意の範囲と対象が狭く，持続時間が短いことに関連して生じる。たとえば，ある事柄に注意を向けるとそれ以外は視野に入らなかったり，話しかけられても上の空になったりしやすく，指示が守れずケアレスミスも生じる。また，よく物をなくし，毎日やるべきことのし忘れや物忘れも目立つ。「多動」とはじっとしているのが苦手で，ずっとしゃべっていたり，あせっているかのように動き回ったりすることを指す。また，多動と関連のある「衝動性」とは，相手が言い終わる前に話したり，会話に割り込んだり，順番が待てなかったりといった行動を指す。注意欠如／多動症は，小学校高学年頃で少し落ち着き，成人を迎える前後にさらに落ち着くというパターンがよく見られる。しかし，見かけ上の症状は改善しても，

根底にある症状は，大人になっても持続し，悩み続ける人が多いことも知られている（Biederman, Mick, & Faraone, 2000）。

3　限局性学習症（Specific Learning Disorder）

学力の基礎となる読み，書き，計算等の技能のうち，いずれかがその人の全般的な学力とは不釣り合いに遅れている状態を指す。その遅れは，努力不足や興味関心がないことを原因とするわけではない。生まれつき技能獲得に困難がある場合に限定される。学習症の一つに読字障害（ディスレクシア）が挙げられる。これは，知的発達に遅れがないのに文の音読や読解が遅れる。また，音読とともに，書字にも障害のある発達性ディスレクシアもある。他にも，数に関する概念や計算の習得，時計や図形の認知等に困難を抱えるタイプの算数障害もある。このように，限局性学習症の症状は，自分は努力してもできないという劣等感から，友人を避けるようになり，それが不登校に発展したり，対人恐怖やうつ症状のような二次障害を生んだりすることもある。

3つの発達障害（神経発達症群）を理解すると，症状そのものよりは，診断の見過ごしや二次障害による適応困難によって本人のメンタルヘルスに不調が生じやすい点が共通していることがわかる。これは家族にも悪影響を及ぼす。そう考えると，より早く家族に適切な目標が設定できるためにも，こうした特性のある子どもを早期に発見すると共に，専門家が家庭と対話できる環境が必要となる。実際，障害の特性が理解されたとしても，家庭において無理に過剰な療育を行うことで二次障害につながることもある。我が子に合っ

た支援を独自に行うとその子らしく生きることにつながるという親への理解を促すことも家庭支援の専門家の重要な役割である。こうした二次障害の予防は近年強調されている。たとえば，自閉スペクトラム症と注意欠如 / 多動症の両方の特徴がある子どもは，その後，精神疾患等の二次的な問題を抱えやすいこと，不登校や引きこもりのリスクを抱えやすい（本田，2017）。家庭支援に携わる専門家が，安易に大丈夫だと伝えず，親の心理に敏感になること，家族支援の開始時期とその方針を練りながら，早期支援につながる取り組みを継続することが喫緊の課題である。

引用文献

American Psychiatric Association（2013）*Diagnostic and statistical manual of mental disorders*（5th ed.），Washington DC.

Biederman, J., Mick, E., & Faraone, S.V.（2000）Age-dependent decline of symptoms of Attention Deficit Hyperactivity Disorder: Impact of remission definition and symptom type, *American Journal of Psychiatry*, 157, 816–818

堀田千絵（2018）「発達と学習の障害を理解する」多鹿秀継・上淵寿・堀田千絵・津田恭充著『読んでわかる教育心理学』サイエンス社，203–216.

本田秀夫（2017）『自閉スペクトラム症の理解と支援――子どもから大人までの発達障害の臨床経験から』星和書店.

文部科学省（2018）『特別支援教育資料　第1部集計編』

（堀田千絵）

第10章　子どもの生活環境・生育環境と生活習慣の獲得

　本章では，現代における子どもの生活環境・生育環境の変化を押さえた上で，子どもの基本的生活習慣の獲得およびそのための援助について，そして，子ども家庭支援でとりわけ重視されなければならない事故防止と安全確保について取り上げることにする。

1. 現代における子どもの生活環境・生育環境

（1）孤立した子育て・育児不安

　現代においては，核家族化と都市化に加え，近年は少産・少子化が急激に進行しているが，そうした状況にあって，子育て家族は地域で孤立しつつある。また，母から子へ，子から孫へという育児の伝承は急速にとだえようとしている。そのような中で，子育てに一生懸命取り組もうと意気込んではみたものの，具体的育児場面に直面すると，どうしていいのかわからないという母親，相談相手がいないままに育児不安を抱え，ひとり悩む母親が増えている。「ワンオペ育児（ワンオペ）」という言葉は，まさにこの状態を上手く表した言葉といえるであろう。

　この言葉は「ワンオペレーション」の略で，ファーストフード店やコンビニエンスストアなどでの一人勤務という過酷な労働環境を指す言葉であって，この「ひとりで何もかも」という状況が，ひとりで仕事・家事・育児のすべてを回していかなければならない母親の「ひとり育児」と似ていることからネットを中心に広く使われている。

　一方，現代は個性の時代といわれ，個としての自立が尊ばれている。母親も女性として，また一個の人間として自立し，自分自身の人生を創造的に生きることに価値を置くという考え方である。そのような中で，特に専業主婦の場合，子育てに自分の身を拘束されるいらだちや，社会から取り残されるという焦りが，大きなストレスとなっているように思われる。一方で，女性が働きながら出産育児をするということは，それとは異なる困難を少なからず伴うことになる。第1子出産後退職するケースも相変わらず多い。また近年，夫婦共働き家庭の増加に伴い，男性の育児参加は増えているといわれるが，それによって男性側がストレスを感じる，性役割に対する価値観の違いなど新たな問題も生まれている。

（2）子育て家庭にとっての「三間」の意義

　最近，子どもが遊ばなくなったという話を耳にすることがある。子どもは遊ばなくなったのではなく，遊べなくなったのではないかという見方をする人もいる。いわゆる「三間」の崩壊の問題である。「三間」とは「時間」「空間」「仲間」の3つの「間」を指すが，子どもが自由に伸び伸びと遊べる環境を保つためには，また異年齢の子どもとの交流を促進するためにも，この3つの「間」が不可欠である。これらの欠如により，身体能力，集中力，想像力，社会性，コミュニケーション能力などの子どもの能力衰退も見られるようになった。阿部ら（2011）の調査報告によると，病気ではないが，健康でもない子どもたちが増加しているという。たとえば，すぐに「疲れた」という子ども，アレルギー，肌がカサカサ，よく転ぶ，骨折しやすい，頭痛，腹痛を頻繁に起こす子どもなどの増加である。

　「三間」の欠如はこれら子どもの健康上に関する問題にとどまらない。この言葉は，若者や子育て家庭にとっての「居場所」の意味を述べるときにも用いられることがある。その場合，3つ目の「仲間」は「人間」とされることも多く，人間の成長や発達にとって大切な居場所の3要素という意味になる。

　隣近所との付き合いがないなど，特に都市部では地域社会におけるつながりが希薄化しており，地縁や血縁のないところで子育てをスタートさせる人も少なくない。子どもの祖父母にあたる人が比較的近隣に居住している場合には，子育てを助けてもらうことが期待できるが，そうでない場合，子育てに関する相談や情報提供をする人や場，交流の場を地域に求めることとなる。最近，地域における子育て支援施設なども多く設置されるようになったが，そこで重要なのは，「人間」同士の交流，子育てをしている仲間との交流や支援する人との関わりである。空間があっても利用されなければ意味がない。子育てサークル等の場が，セルフヘルプ・グループになるように，またピア・カウンセリングの場になるような支援が望まれる。

（3）愛着形成のメカニズムと愛着障害の理解

　愛着（アタッチメント）とは「乳幼児と特定の人（養育者）との間の情緒的な絆」のことである。愛着関係は，子どもにとっての特別な人，愛着対象（養育者）との繰り返しの継続的なやり取りを通じて構築されるが，安定した愛着関係を築くためには，子どもが示す愛着行動に対して，愛着対象（養育者）がタイミングよく，適切に敏感に反応することによって，子どもが安心できるような体験を積み重ねる必要がある。そのため，乳幼児期に長期にわたって虐待環境や育児放棄など，不適切な育児環境にさらされると，正常

な愛着関係が構築されず，のちに「愛着障害」と呼ばれる特徴的な対人関係を示すようになる。

　ここに言う「愛着障害」とは，幼いころに不適切な養育（虐待や育児放棄）を受けた子どもが，安心感や愛情が満たされないため，親子の愛着（アタッチメント）がうまく築けなくなることをいう。自己肯定感をもてず，幼児期以降に大人や友達との交流，心のコントロールに問題を起こしてしまう。これを「愛着障害」といい，「反応性アタッチメント障害」と「脱抑制型対人交流障害」に分類される。

　愛着には，子どもにとって，恐怖や不安から守ってくれる（安全基地機能），そこに行くと落ち着く，ほっとする（安心基地機能），そこから離れても大丈夫で，離れていったことを報告して認めてもらう（探索基地機能）の3つの機能がある（米澤，2018）。しかしながら，養育者が精神的な問題を抱えていたり，過度の育児不安等で子どもに対して十分に応答的な態度をとれていなかったりする場合，その関係は機能不全に陥ってしまう。

　愛着と抑うつとの関係について取り上げてみよう。たとえば産後うつは，産後2〜3週から半年にかけて発症するといわれ，一生の中でも，特に妊娠中や産後に発症しやすい。うつになると子どもをかわいいと思えず，子育てを面倒に感じたり，自信を失って「自分は母親失格だ」と否定的にとらえたりする。この状態が長く続くと，子どもが母親に何らかの働きかけやシグナルの送出を行っても，それが無視され，あまり改善されることがない。結果として子ども側は，自分の力ではどうすることもできない無力の状態に恒常的にさらされることになり，発達にも悪影響を及ぼすことが指摘されている（鳥丸，2008）。このような場合，養育者の妊娠中からのケアは不可欠だが，ソーシャルネットワークの利用など，家の外での良質のケアなどによって，子どもへの悪影響を回避できる場合もある。

　近年，「発達精神病理学」と呼ばれる分野でさまざまな研究が進められているが，これは，従来の発達心理学に加えて，臨床心理学・発達臨床心理学・精神医学・児童精神医学・異常心理学の各学問領域を合わせて，幅広い視点から子どもの発達をとらえようとする学問領域であり，人間の発達への影響要因として，ネガティブな側面であるリスク要因と，ポジティブな側面である防衛要因を同時に扱うことができるものである。しかし，まずは周囲の人からのサポートを上手に利用していくことが大切となる。

２．基本的生活習慣の獲得と発達援助

（１）食べる（食事）

　乳幼児の保護者にとって，子どもの食事はとても関心の高いことの一つである。食事は必要な栄養を取るだけでなく温かな雰囲気の中でいろいろなものを食べること，一緒に過ごす楽しさを味わうことも大切である。食はコミュニケーションにも関わる行動である。最初は母親に抱っこされての授乳だが，月齢が進むと離乳食が始まり，与えられたものを味わう，手づかみで食べる，スプーンを持ってみる，自分ですくって食べる，お箸を使うというように食行動が発展していく。

　まずは明るく和やかな食事の雰囲気を作り，食事は緊張したり，怖い思いをするものではないと感じてもらうことから始めたい。そのためには，母親が細かいことに神経質にならず，ちょっと息を抜いて，食事の時間を楽しめるように心がけることも大切となる。

（２）寝る（睡眠）

　睡眠のリズムは，生後数年をかけて徐々に出来上がっていく。新生児はほとんど一日中寝ている。昼と夜のリズムが出来上がっていない子どもも多く，昼夜関係なく，お腹をすかせて泣くこともよくある。２～３ヶ月頃になると，睡眠の時間がまとまってくる。４ケ月頃には昼間起きて，夜に寝ることが出来るようになる。

　昼寝（午睡）も，７ケ月頃から午前・午後各１回，１歳３ケ月頃から午後１回となり，４～５歳で必要なくなる子が多い。

　この睡眠と覚醒のリズムは脳がつかさどっている。子どもの脳は睡眠中に成長するため，十分な睡眠をとらないと，脳の発達が妨げられる可能性がある。つまり，睡眠と覚醒にまとまりができたら，規則正しい生活を心がけなければならない。子どもの生活リズムを整えるためには，まず周囲の大人が意識して，子どもの成長に合わせた生活時間を優先的に作っていくことが大切である。

（３）排　泄

　排泄の自立はとても個人差が大きい。なぜなら心身の準備が整うまでの個人差が大きいこと。さらにどのような環境でどのような経験をしているかが，一人ひとり異なっているからである。

　排泄の自立のための身体機能が整ってくるのは２歳ごろである。身体の準

備が整う前に無理なトイレットトレーニングを行うことは，子どもにとって
も，養育者にとっても，大変なストレスになる。まずは排泄をしたという感
覚，その次に排泄したいという感覚を子ども自身が実感することが必要であ
る。子ども自身がおしっこをした後に知らせるようになるのは1歳半～2歳
頃，する前に知らせるようになるのは2歳半頃，おしっこを自分で少し我慢
するなどのコントロールを覚えるのが3～4歳頃である。その頃には，自分
の意志で行きたいときにトイレに行くことが可能になる。

　最初のうちは失敗することもよくあるが，その時に「だからさっきトイレ
に行こうといったでしょう！」と叱るよりも，まずは不快な状態を取り除く
世話をして，それから「ちょっと間にあわなかったみたいね。次からはトイ
レでしようね」と，子ども自らが気付くような声掛けが大事である。子ども
によっては，おもらしのような失敗をとても気にすることもある。そんな時
に，冷静に温かく世話されたという経験は「失敗してしまった自分でも大切
にしてもらえる」という安心を子どもに感じさせることにもなる。

（4）着　脱

　1歳くらいになると，靴下や帽子を引っ張って脱いだり，スカートやズボ
ンを足首まで脱いだりするようになる。2歳くらいでは，洋服を自分で脱ぎ
たがるようになり，靴下や靴も自分で履けるようになる。その後，ボタンを
はずしたり留めたりするような複雑な動作もできるようになり，着脱が自立
していく。4歳になるまでには一通りの着脱を自分でできるようになる。

　これらの動作は，単に運動発達に沿ってできるのみではなく，日頃周囲の
人に着替えさせてもらっている中で衣服に関心をもち，自分でやってみたく
なることで自立が促される部分が大きい。子どもがやりたい気持ちを尊重し，
上手にできない部分を手伝いながら，達成感をもてるよう関わることが大切
である。

（5）清　潔

　就寝前の歯磨き，うがい，手洗いなど，最初は大人にやってもらいながら
1歳半頃から清潔への習慣がだんだんでき始め，2～3歳頃から自分でやり
たがることが多くなり，就学前までには一通りのことができるようになる。
外遊びから帰ったら手洗い，うがいをする，食事の後は歯磨きをするという
ように，他の行動と組み合わせて体験することで習慣となっていく。

3．事故防止と安全確保

　子どもの死因統計によると，1歳から14歳までのすべての年齢階級で「不慮の事故」が上位となっている。図10-1は子どもの成長に沿って，起こりやすい事故についてまとめたものである。保育者は子どもの発達を踏まえた事故防止対策を実施し，子どもの安全を確保するとともに，保護者にも事故防止について指導・助言をすることが必要である。

　なお，2017（平成29）年に改訂された「保育所保育指針」は，2016（平成28）年12月21日に発表された「保育所保育指針の改定に関する議論のとりまとめ」を受けている。そこでは改訂の方向性として5つの方向性があげられたが，「(3)子どもの育ちをめぐる環境の変化を踏まえた健康及び安全の記載の見直し」を受けて，「第3章　健康及び安全」という章が掲げられている。

（1）窒　息

　乳幼の不慮の事故の中で一番多いのが窒息である。月齢の低い乳児では，自分で自由に頭や身体を動かすことができないため，うつぶせ寝，やわらかい寝具やクッション，ぬいぐるみなどにより窒息が起こりうる。大人が見ていない状況ではうつぶせ寝を避け，身体や頭が沈み込むような素材の寝具，クッションなどを使用しないこと。乳児の頭の近くに，毛布やぬいぐるみ等を置かないことが重要である。

　一方，幼児期になると，遊具で遊んでいる際に，衣服のフードの部分やマフラー，自転車用のヘルメットのベルトなどが引っ掛かり，頸部が閉まることによる窒息事故も起きている。子どもは，高さのある遊具で遊ぶ可能性もあると想定し，子どもの衣類や身に着けているものを確認し，予防に努める必要がある。

（2）溺水（おぼれる）

　1歳前後から2歳くらいに多く発生し，死亡や重度の障害につながる率が高い。この時期の溺水事故のほとんどは，家庭内の浴室で起こっている。子どもが一人で浴室に入らないように工夫する，残し湯の習慣をやめる，子どもと一緒に入浴している際には絶対に目を離さない等の注意が必要である。洗濯機やバケツ，ビニールプールでも溺水は起こるので，その注意も必要である。

　幼児期になると，川や池，プールなど，屋外での溺水事故の割合が多くなる。地域の中で子どもが近寄ると危険な場所を知り，子ども自身や家族に注

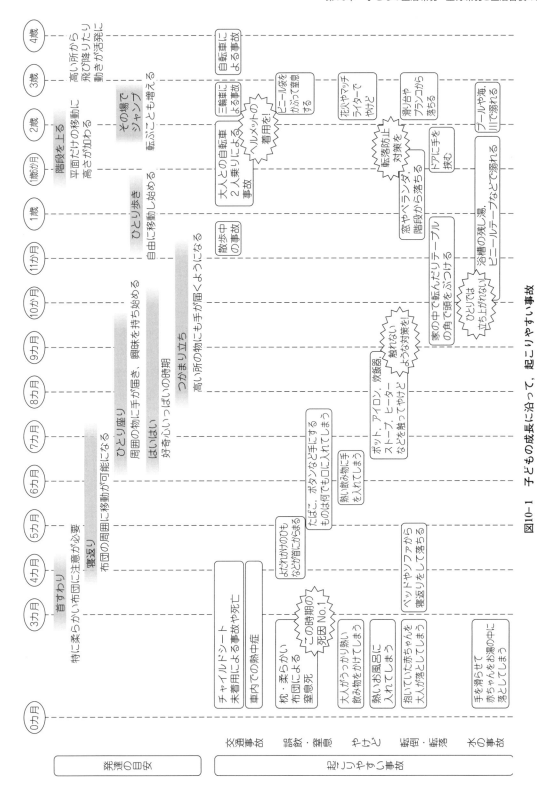

図10-1　子どもの成長に沿って、起こりやすい事故

出典：山中 (2012).

意喚起をすることが必要である。プールは楽しい場所でもあるが，同時に危険がいっぱいである。大勢の人がいるから大丈夫と油断しがちだが，逆に目が届きにくくなることもある。小さな子どもは特に大人が常にそばにいて目を離さないようにする。

（3）気道異物・消化管異物

　気道異物や消化管遺物は，生後6ヶ月から3歳の子どもに起こりやすい事故である。これらの事故は，死亡や重篤な後遺症を残す可能性があるとともに，除去するために，全身麻酔での手術や処置が必要となる場合も多く，子どもにとってもつらい経験となる。

　気道異物は，子どもが口に入れたものを嘔吐したものが軌道に入りとどまったもので，1歳以降に発生が多くなる。異物の種類としては，ピーナッツなどのナッツ類，飴やグミ，こんにゃくゼリーといった食物のほか，スーパーボールなどの小さな玩具，ボタンや電池なども見られる。突然の苦悶様の表情，声が出せない状態，弱い咳き込みや喘鳴（ぜんめい）（ゼイゼイとした呼吸）により気付かれることが多い。異物を取り出そうと口の中に指を入れることは，逆に異物を奥に押し込んでしまう可能性もあるため，絶対にしてはいけない。

　消化管遺物は，電池，磁石，硬貨，小さなおもちゃ類，入浴剤，洗剤，酒類，タバコなど多岐に渡る。飲み込んだものの性質によっては，身体に重大な影響を与える場合もある。そのため，医療機関での早急な処置が必要となる。吐かせるかどうかは飲んだものによるため，「いつ」「何を」「どのくらい」食べた（飲んだ）のかを確認し，医療機関に問い合わせたうえで対応する。受診の際には，飲み込んだものの残りや，入っていた容器などを持参すると良い。

（4）熱傷（やけど）

　熱傷（やけど）の事故は0歳後半から2歳くらいまでに多い。子どもの皮膚は非常に薄いので，同じ温度でも大人に比べて熱傷を起こしやすい。ポット，炊飯器，暖房機具，調理器具，アイロンなど，日常生活用品に触れたり倒したりすることにより起こることが多い。直接触れる以外に，炊飯器などの蒸気に触れて，受傷することもある。大人が使用しているのを見て興味をもち，真似をしようとして触れてしまうこともよくあるので，電気コードやスイッチなどの部分も含め，子どもの手の届かないように管理し，ロック機能があるものは必ずロックする。

　熱傷が起きた場合には，まず水道水やシャワーで受傷部位を冷やす。衣類を着ている場合は，脱がさずに服の上から冷やす。熱傷は範囲により重症度

が決まる。目安として手のひらよりも広い熱傷の場合には，冷やした上で必ず医療機関を受診する。

> **演習問題**
>
> 1．子育ての孤立化を防ぐために，どのような支援や環境づくりが必要か考えてみよう。
> 2．子どもが「基本的生活習慣」を身につける中で，最も重要なことは何か，人間関係の視点から考えてみよう
> 3．乳幼児の安全を確保し，事故を未然に防ぐために，保育所は保護者に対して，何ができるか考えてみよう。

引用・参考文献・引用サイト

阿部茂明・野井真吾・中島綾子・下里彩香・鹿野晶子・七戸藍・正木武雄（2011）「子どもの"からだのおかしさ"に関する保育・教育現場の実感——「子どものからだの調査2010」の結果を基に」『日本体育大学紀要』41（1）：65-85.

鳥丸佐知子（2008）「抑うつに関する内的作業モデル研究の展開——アタッチメントからソーシャル・ネットワークへ」京都文教短期大学『研究紀要』46：136-148.

米澤好史（2018）『やさしくわかる！愛着障害』ほんの森出版.

厚生労働省「妊娠・出産に伴ううつ病の症状と治療」『eヘルスネット』https://www.e-healthnet.mhlw.go.jp//information/heart/k-03-001.html（2019.11.28閲覧）

山中龍宏（2012）子どもの発達と起こりやすい事故　国民生活センター www.kokusen.go.jp.>wko>pdf>wko-201210_01（2019.11.28閲覧）

日本小児看護学会・健やか親子21推進事業委員会（2012）子どもの事故防止ノート http://jschn.umin.ac.jp/files/201210_kodomonote.pdf.（2019.11.28閲覧）

（鳥丸佐知子）

第11章　子どもの心の健康問題と子ども家庭支援

　子どもの健やかな育ちには，安定した養育環境が欠かせない。保護者が安心して子育てできるように，保育者は支援する必要があるが，そのことが子どもの心の健康につながるのである。本章では，子どもの心の健康問題の特徴，災害や事故に遭遇した子どもへの対応，子どもの心を育む保育の展開について学ぶことにする。

1．子どもの心の健康

（1）心の健康とは

　心が健康であるとはどのような状態を指すのであろうか。世界保健機関（WHO）の定義によると，健康とは「病気でないとか，弱っていないということではなく，肉体的にも，精神的にも，そして社会的にも，すべてが満たされた状態にあること」をいう。後で述べるように，心も病気にかかることがあるが，病気でなければ健康というわけではなく，自分の感情に気づき表現できることや，状況に応じて適切に考え，現実的な問題解決ができること，他者とよい関係を築けること，そして人生の目的や意義を見出し，主体的に人生を選択するといったことが，心の健康の大切な要素である（厚生労働省，2000）。

　沖・衛藤・山縣（2001）の調査では，小児科外来を受診した3〜5歳のうち1.3％に，6〜15歳では8.2％に心の健康問題が認められたという。受診した子どもたちに多かったのは，「だるい・疲れやすい」「お腹が痛い」「頭が痛い」などの症状であり，子どもがこうした症状を複数かつ繰り返し訴えている場合には，心の健康問題が潜んでいる可能性がある。保育者は，子どもの心の健康問題の特徴を知り，日々の保育の中での様子を観察することが必要である。

　子どもが健康的に育っていくためには，安心感が得られる環境が欠かせない。親が育児に心配事を抱えイライラしていたり，虐待などの不適切な養育が行われていたりすると，子どもは安心して親と関わることができない。親自身が心の健康に問題を抱えていて子どもと向き合う余裕がないと，疲れた，不安だといった子どもの心のSOSを見逃してしまうかもしれない。子どもの心の健康を守るためには，親の心の健康が重要であり，そのために親子を

見守る周囲からの支援が必要なのである。

（2）子どものストレス

ストレスという言葉は，もともと物理学の分野で使われていたもので，物体の外側からかけられた圧力によって歪みが生じた状態をいう。ストレスの原因となる出来事には，災害や事故との遭遇，親しい人との死別など，頻繁に経験することではないが非常に大きな衝撃を人に与える重大な出来事（ライフイベント）と，日常生活の中で比較的頻繁に経験する不快ないらだち（デイリーハッスル）とが含まれる。子どもが家庭で不快を経験する場面は，「親にかまってもらえない時」「自分のやりたいこと（好きなこと，遊びなど）ができない時」「親，祖父母に叱られた時」「きょうだいとけんかした時」が多く（小林・加藤，2001），幼稚園では「友だちとけんかする」「友だちに乱暴される」「みんなから自分のルール違反を指摘・非難される」場面において不快感が高まるという（高辻，2002）。ちりも積もれば山となるということわざのように，デイリーハッスル的な出来事が積み重なると，周りの大人も気づかないうちに子どもの心の健康に問題を生じさせることがある。

小さな子どもは言語能力が十分に発達していないため，自分の気持ちを概念的にとらえるのが難しく，言葉で他者に伝えることが困難である。そのため，ストレスによる心の葛藤を，腹痛や嘔吐などの身体症状や，よく泣く，寝ない，機嫌が悪いなどの行動上の問題によって表しやすい。保育者は日常的に子どもと接しており，普段の様子を最もよく知る存在である。子どもの行動や表情がいつもと違うと思ったら，心になにか問題を抱えているのではと考えることも必要であろう。

（3）子どもの心の病気

強いストレスを経験すると，頭痛や腹痛，眠れない，集中できないといった症状が現れることがある。これらはたいてい一時的なもので，誰にでも現れる可能性があるが，症状がある程度持続する場合は専門医療機関で相談したほうがよい。ここでは，子どもにみられる心の病気のうち，不安や恐怖に関わるものを取り上げる。不安や恐怖を感じることは身を守るために必要な機能であり，子どもが非常によく体験する現象であるが，それが過剰であるとさまざまな症状につながり，生活や成長に支障をきたすようになる。また，子どもの心の病気による症状は，大人のものとは異なる場合がある点にも注意が必要である。

① 分離不安障害

　心地よい安定や保護的な環境をもたらしてくれる養育者を安全基地として，子どもは外の世界の探索に出かけ，危険を感じれば安全基地に戻ることを繰り返しながら自分の世界を広げていく。見知らぬ人や場所に恐怖を感じるのはどんな子どもにも起こりうることだが，養育者と離れることへの不安が年齢不相応に強く，安全基地から離れられなくなっている状態を分離不安障害という。養育者と離れられないために登園を嫌がったり，養育者との別れ際に大泣きしたり，かんしゃくを起こしたりする（川上，2014）。

② パニック障害

　パニック障害とは，胸がどきどきする，汗が吹き出る，息苦しいなどのパニック発作を中心とするもので，小さな子どもの場合は泣くことやかんしゃく，逃避などの形をとる場合もある。パニック発作は急激に現れ，短時間でピークに達する。パニック発作が繰り返し起こることで，また起こるのではないかという恐れを抱き，外出が困難になる場合もある。

③ 恐　怖　症

　高い木の上や毒をもつ生き物などを怖がることはどんな子どもにもみられる現象であり，特に心配する必要はない。しかし，特定の対象や状況（特定の動物，閉所，広場，飛行，血液など）に対して，激しく持続的な恐怖を示す症状が継続した場合は治療を要する。また，対人場面や社交場面で強い恐怖感や不安感，緊張感を抱き，日常生活に支障が出る場合を社交恐怖といい，登園しぶりや不登校と関連が深いといわれる。

④ う　つ　病

　かつて，子どもはうつ病にならないと考えられていた。しかし，子どももうつ病になること，大人と同じく憂鬱な気分や不安，思考力が鈍る，意欲が低下するなどの症状がみられることがわかってきている（表11-1）。大人と比べて子どもの場合は，うつ症状がイライラ・怒りっぽい，過眠，過食といった形で表出されることが多く，うつ気分が周囲の人にはわかりにくい。たとえば，イライラして周りの人に当たり散らす子もいれば，学校・園へ行かずに家に引きこもりがちになる子，頭痛や腹痛などの身体症状を訴え続ける子もいる。

⑤ 心　身　症

　心と身体の状態は関連しあっており（心身相関），心の不調が身体症状として現れることがある。これを心身症という。身体機能が発達途上にあり，自分の内面や感情を言葉に表すことが難しい子どもは，ストレスが頭痛，腹痛，チック，円形脱毛，抜毛，夜尿，摂食障害などの身体症状として現れやすい。また，疲れやだるさ，活動性の低下などの症状もよくみられるが，怠

表11-1　子どものうつ病によくみられる症状

【精神症状】		
◇感情面		
・ゆううつ	・悲観的	・後悔
・不安	・イライラ	・心配
・人に会いたくない	・自分を責める	・何をしても楽しくない
・罪の意識を持ちやすい	・死にたくなる	
◇思考面		
・思考力減退	・集中できない	
・物覚えが悪くなる	・判断・決断ができない	
◇意欲面		
・おっくう	・無気力	・根気が続かない
・興味・関心が低下する	・これまでどおりの日常生活ができない	
【身体症状】		
・頭痛	・頭重	・疲れやすい
・だるさが取れない	・睡眠障害	・喉の乾き
・喉のつまり感	・首肩全身の凝り	・胸苦しさ
・動悸	・食欲不振	・吐き気
・頻尿		

出典：磯部（2008）.

けている，わがままなどと周囲から誤解されることがある。周りに気配りができて過敏な子どもほどストレスが身体化しやすいが，症状があっても我慢してしまう傾向があり，大人が注意深く接することが望まれる（磯部，2008）。

（4）子どもの心理療法

　心の病気は，遺伝や気質といった生まれつきの要因と，育つ環境の要因との相互的関係の中で生じることが多いといわれている。子どもだから環境の変化に気づかないだろうとか，子どもだから悩みなどないだろうと大人は考えるかもしれないが，子どもの心の健康に欠かせないのは安定した環境であり，安心できる大人との関わりである。

　子どもの心の病気への対応としては，家庭や学校・園などの環境調整，そして心理療法が挙げられる。言葉で自分の気持ちを表現するのが難しい子どもの心の治療には，遊びを通して自分の考えや気持ちを表現できるようにするプレイセラピー（遊戯療法）や，絵を描いたり（描画療法），砂の入った箱の中にミニチュアの人形や動物，建物などを置いたり（箱庭療法）することによって，言葉では伝えきれない自分の内面世界を表現する非言語的心理療法が用いられる。また，家族を1つのシステムとしてとらえ，家族内の人間関係を調整することで，子どもにとって安心できる環境づくりを目指す家族療法が有効な場合もある。

　家庭や園・学校に求められる配慮としては，子どもの不安な気持ちに寄り

添い，受け止めること，無理強いしないことが挙げられる。大人と同じく，子どもの心の健康を取り戻すにはまず十分な休養が必要である。子どもがストレスによる体調不良を訴えた場合は，痛みやつらい気持ちを肯定し，優しくさすったり声をかけてあげたりすることで症状がやわらぐこともある（内海，2011）。うまく表現できないが理解してほしい，気づいてほしい，言葉にできずにいる子どもの心のSOSを，養育者や保育者が受け止めて共感することが心の安定につながる。

2．災害や事故と子どもの心

（1）災害・事故後の子どもの心

　子どもの健やかな育ちには，安定した環境と，安心できる人との関わりが欠かせないが，ひとたび災害に見舞われたり，事故や犯罪の被害に遭ったりといったライフイベントを経験すると，日常生活は大きく変化する。1995（平成7）年に発生した阪神淡路大震災の直後に行われた調査では，1人でできることでも親に頼りたがる，親がいないと怖がる，夢を見て泣いたり夜中に寝ぼけたりするなどのストレス反応が幼児にみられた（小花和，1999）。2011（平成22）年の東日本大震災や2016（平成26）年の熊本地震の後にも不安や怯え，音への過敏性を示す子どもが多数いた。生命の危機を感じるような災害を経験した子どもたちには，夜泣き，夜驚，夜尿などの身体症状や，指しゃぶり，爪かみ，赤ちゃん言葉などの行動上の症状が現れやすい。

　また，災害や事故の後には，体験を再現する遊び（地震ごっこ，津波ごっこなど）をして遊ぶ子どもの姿がみられる。恐怖や喪失（親しい人との別れ，住居の損壊，おもちゃや人形の紛失など）を体験すること，いつもとは違う生活環境（避難生活，食生活など）が長期にわたって続くことは子どもに強い苦痛をもたらす。ごっこ遊びの中で体験を再現することで，子どもたちは，体験したことを外在化し，落ち着かない気持ちや不安感を表出しているのである。

（2）災害・事故後の心のケア

　災害や事故の直後は，つらい出来事を思い出しては怯える子どもが多い。さらに，生活環境の変化は不安やイライラ感をもたらす。災害後，長期的な避難所生活を強いられている子どもの中には，周囲の大人を叩いたり蹴ったりする攻撃行動やわがままがみられることがある。まずは，怯える子どもたちの気持ちを大人が優しく受け止めること，そして遊びの時間や場所を確保し，身近な人とゆったりとした時間を過ごすことがストレスの解消に役立つ。

表11-2　子ども（幼児～小学2年生）のトラウマ反応と応急処置

反　応	応急処置
無力感を示したり消極的になる （ボーっとしていたり，物事にかかわりたがらない様子）	そばにいて安らぎや安心感を与える。一緒に遊んだり，子どもが好きな絵本を読んだりすると気持ちが落ち着いてくる
一般的な恐怖感がある （怖いものが何かはわからないが，いつも不安・恐怖心がある）	大人がしっかり守っていると安心させてあげる（例：「大丈夫」と抱きしめる，手を握るなどの身体接触や何らかのお守り代わりをもたせることで落ち着く場合もある）
何が起こっているのか混乱している （危険が去ったと理解できない）	危険が去ったことを具体的に示す。子どもを混乱させるテレビ映像や写真は見せない（過去の映像を繰り返して報道しているテレビを見ると，過去と現実の区別がつかなくなる）
なんでイライラしているのかわからない	イライラするのは，怖い体験をしたあとの自然な反応であることを説明して安心させてあげる。イライラを整理し，対応できることを伝える。 （例：何かしなくちゃいけない感じがするのね。じゃあ，一緒にお部屋の片付けをしようなど）
言葉が出にくくなる （何か訴えているが言葉になっていない）	子どもが伝えたいことを推測し，代弁する。
辛い思い出に魔法をかけようとする （怖い体験をした場所を魔法で変えてくれという。明日には家が元に戻っているなど）	怖い体験は終わったことを伝える。その場所や物（園舎，公園等）が安全である，再建に向かっていることを具体的に示す。
眠れない （悪夢，眠るのが怖い，一人になるのが怖い）	添い寝，しっかり抱きしめる，絵本を読むなど具体的に安心させる。
不安で親から離れられない	常に大切に思っていることを示し，具体的な安心感（何時に迎えにくる，留守の間に世話をする人はだれかを伝えるなど）を与える。
退行反応 （指しゃぶり，夜尿，舌足らずの話し方）	一時的なことなので，無理にやめさせず，まず安心できる環境を作る （例：お気に入りのぬいぐるみをそばに置くなど）
死を中途半端にしか理解していないことから来る不安を訴える （生き返るのではないか，死んだ人が戻ってくるのではないかという幻想を抱く）	お葬式や月命日などの儀式に参列し，亡くなったということをゆっくりでよいので理解できるようにする。

出典：熊崎（2014）.

　生死に関わるような危険を体験したり目撃したりすることによって心に受けた傷（トラウマ）が何度もよみがえることで苦しむ状態を心的外傷後ストレス障害（PTSD）という。PTSDとは，生命に危険を感じるような経験の後に，1）悪夢・フラッシュバックなどトラウマの持続的な再体験，2）トラウマを連想させる状況からの持続的な回避と感情の鈍麻，3）不眠，集中困難，過度の警戒などの過覚醒という3つの症状が1ヶ月以上持続し，日常

生活の支障となる状態をいう。表11-2に示すように，子どものトラウマ反応は身体症状や行動上の問題に現れやすいが，それとは気づかれず，見過ごされてしまうことがある。危機が去ったことを伝え，安心感を与えることがPTSDの悪化を防ぐ（熊崎，2014）。

　子どもたちの心をケアするため，東日本大震災や熊本地震の直後から，避難所ではNPO法人による「遊びの出前」活動が行われた。保育士，学童指導員，臨床心理士などの専門家が被災地を訪れ，ゲームや工作，スポーツなどの遊びのプログラムを実施した。遊びの出前の目的は，遊びを通じてスキンシップやコミュニケーションを図ることで，子どもたちの感情表現やストレス解消を促すとともに，「もう大丈夫」「たくさんの大人に守られている」といった安心感を子どもにもたらすことにある。災害直後の厳しい生活状況であっても，子どもの遊び場や遊びの時間を確保することは，子どもの心の健康の回復に大きな役割を果たす。

（3）保護者支援の必要性

　大きな災害や事故に巻き込まれると，子どもも大人もそれぞれストレスを抱える。子どもをもつ親は，家族を守ろうとする責任感を強くもつとともに，将来への不安や現状に対処しきれない無力感にも悩む。熊本地震の際には，断水が続いたため乳幼児の沐浴や調乳に苦労した親や，子どもの泣き声で周囲に迷惑をかけまいと避難所に避難できない親もいた（丸谷・佐藤・岩治・吉澤，2019）。こうした不自由な生活が続くことによる親の疲れやイライラが子どもの不安定さにつながり，不機嫌になったり体の変調が起きたりする。親と子の間でストレスの悪循環が起きるのである。

　また，これまで自分を守ってくれていた大人が，恐怖に怯えて無力感に打ちひしがれている様子や，不安や悲しみ，絶望感にさいなまれたりしている様子を目にすると，子どもはさらに心細さが増す。被災すると大人も子どもも強い恐怖感情を抱き，誰かに守ってもらいたいという欲求にかられるため，これを察知した子どもは，大人より大人らしく振る舞い，周囲の人を保護しようとしたりする場合もある（藤森，2011）。

　こうした親子の支援のためにも，保育所や幼稚園に勤務する保育者には一日も早い保育の再開を目指すことが望まれる。日常性の回復が子どもの心の安定につながり，子どもの安定が親のストレスを低減するためである。表11-3に保育を再開するための条件を示している。ただし，大規模な災害の場合，勤務する保育者自身も被災者であることが多い。保育を再開するためにはまず保育者の確保が必要だが，保育者自身が，ライフラインの確保（たとえば水汲み，物資の運搬）などで肉体的負担があったり，家庭と仕事との

表11-3　災害後に保育を再開するための条件

1　保育者の確保
2　二次災害防止のための建物全体の安全チェックと物理的環境の整備
3　ライフラインの確保
4　乳,幼児保育のための生活必需品（粉ミルクとそれを溶く熱湯や離乳食，紙おむつ，毛布，遊具の調達やアレルギー対応食など）の確保
5　伝染性疾患への対策など医療面の配慮
6　最新情報を収集するための手段（連絡用の自転車，携帯電話，FAXなど）の確保

出典：「災害時における家族支援の手引き」編集委員会（1998）.

両立の葛藤に陥ったり，みずからが被災によるストレスを抱えつつ子どもの
ケアにあたらなければならないといったことがあるので，保育者に対しても
きめ細やかな心のケアが望まれる。

3．子どもの心を育てる

（1）社会情動的スキル

　子どもが心身ともに健康な人生を歩んでいくためには，どのような能力が
必要なのだろうか。知識や思考に関する能力を認知的スキルといい，学力や
知能といったものがこれにあたる。従来，学力や知能の高さは，将来の雇用
形態，収入に影響すると考えられてきた。しかし，認知的スキルだけが個人
の適応を高めるわけではなく，認知的スキル以外の能力（社会情動的スキル
もしくは非認知的スキルと呼ばれる）がむしろ重要であることが，近年の研
究によって示されている（遠藤，2017）。

　図11-1に示すように，社会情動的スキルには，他者との協働，情動の制
御，目標の達成の3つが含まれる（池迫・宮本，2015）。他者との協働には，
社交性や協調性，他者への思いやりや共感する力などが必要である。情動の
制御は，自分を肯定的に受け入れ，自信をもつことが基盤となる。目標の達
成には，目の前の誘惑を断ち切る自己統制の力や，最後までやり遂げようと
する粘り強さが必要である。こうしたスキル発達の基礎を築くのが幼児期で
あり，家庭，園・学校，地域社会との関わりが非常に重要であると考えられ
ている。

（2）レジリエンス

　ストレスフルな経験をしたとしても，すべての子どもにうつ気分や身体症
状が現れるわけではない。困難な状況に遭遇してもうまく対処し，回復する
子どももいれば，そうでない子どももいる。レジリエンスとはこうした個人
差に注目した概念であり，困難な出来事を経験しても個人を精神的健康へと

164

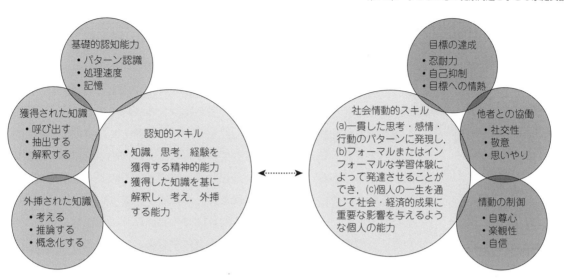

図11-1　認知的スキル，社会情動的スキルのフレームワーク

出典：池迫・宮本（2015）．

導く心理的特性と定義される（石毛・無藤，2005）。レジリエンスには，1.
新しいことに挑戦しようとする意欲や決めたことを最後までやり通す粘り強
さ，2.自分自身に対するポジティブな見方や自分の強さや能力についての
自信，3.新しいことに自ら取り組んだり他者と一緒に何かをやり遂げると
きに協力できるスキル，4.ストレスフルな体験をしてもあまり落ち込まな
いストレス耐性などの因子が含まれる。レジリエンスは，生まれ持った気質
や経験を通して獲得されるスキルに加え，周囲からのサポートを認知するこ
とにより育まれるといわれる。子どものサポート源となるのは，安定した家
庭環境・親子関係，園・学校環境などである。

（3）子どもの心をどう育てるか

　では，どのようにすれば子どもの社会情緒的スキルやレジリエンスを高め
ることができるのだろうか。その根底にあるのは，アタッチメントをもとに
した基本的信頼感である。他者と適切に関わり協働的活動に取り組むことの
基礎には，他者への信頼感があり，目標達成に向かって行動を起こすことの
基礎には，自分自身への信頼感がある。そうした自他への基本的信頼感の形
成に通じるのが，乳幼児期に形成されるアタッチメントの質である。恐れや
不安のあるときに，親などの身近な他者から受け入れられ，無条件に守られ
るという経験を通して，子どもは身近な他者および他者一般，そしてそうし
てもらえる自分自身に対して信頼感を獲得するのである（遠藤，2017）。
　子どもの心を育む保育のポイントとして，無藤（2016）は，環境の充実化，

保育者との対話の充実，小学校とのつながりの意識をもつことの3点を挙げている。園内に，子どもがおもしろいと感じたり，関わったりしたくなる素材をふんだんに用意することによって，自発的な遊びが広がりやすくなる。そうした遊びの中で，子どもの興味を引き出すような保育者の問いかけを通して，豊かな発想が生まれ，子どもの考えは深まっていくであろう。こうして，保育所や幼稚園における充実した遊びの経験を通して，目標や意欲，興味・関心をもち，粘り強く取り組む姿勢が育ち，それが小学校以降の学習の土台となるのである。保育者は，幼児期の経験が子どもの将来につながるという意識をもって日々の保育を展開していくことが望ましい。

多くの子どもにとって，保育所や幼稚園での集団生活は生まれて初めて経験することの連続であり，ストレスフルな体験である。仲間との遊びの中でのいざこざや思いが上手く伝わらないときに，それを表現することによって年齢と状況に応じた対処方法が培われていく。日常的なストレス場面への対処が，その後の人生で遭遇するであろうストレスへの対処を学習する機会となるのである（小花和，2002）。

（4）家族機能と子どもの心

ここまでみてきたように，子どもの心は養育環境の影響を受けやすい。そのため，子どもの心の健康を守るためには，子どもにとって最も身近な存在である親を支える必要がある。家族関係，特に虐待的養育は子どものうつに大きな影響を与えるといわれる（傳田，2016）。また，妊娠・出産期の母親におけるうつ病罹患率は約10％といわれており，安定したアタッチメント形成が阻害されたり，子どもの問題行動が多くなったりといった影響を及ぼすことが指摘されている（菅原，1997）。子育てについて，保育者に話を聞いてほしい，アドバイスがほしいと望む母親は増加傾向にある（望月・工藤・山本，2013）。保育者は，必要な時はいつでも支援するという開かれた姿勢で，保護者の困難に寄り添うことが求められる。

子どもは周囲の大人の姿をモデルとして，物事に取り組む姿勢や困難に出会ったときの対処を学んでいくが，すべての子どもが明朗で安定した家庭で養育されるとは限らない。虐待や養育放棄など不適切な養育環境に置かれた子どもに対しては，子どもを心配し助言やサポートを与えてくれる家族以外の人物の存在が心の育ちに影響を及ぼす（仁平，2016）。家族だけでなく，家族の外に，信頼し安心できる大人とのつながりをもつことが，子どもの心の健康には重要なのである。

また，経済的な安定も，養育環境の安定に必要な要素である。2016（平成28）年の国民生活基礎調査では，日本の子どもの相対的貧困率は13.9％，約

７人に１人が貧困状態にあることが明らかになった。子どもの健やかな育ちのためにも，こうした家族をどのように支援していくかはこれからの社会全体の課題である。

演習問題

1．子どもの心の病気の特徴をまとめてみよう。
2．もし災害が起きたら保育者としてどのような行動を取ればよいか話し合ってみよう。
3．子どもの健やかな心を育むために保育者ができることをまとめてみよう。

引用・参考文献

池迫浩子・宮本晃司（2015）「家庭，学校，地域社会における社会情動的スキルの育成　国際的エビデンスのまとめと日本の教育実践・研究に対する示唆」OECD，ベネッセ教育総合研究所.
　　https://berd.benesse.jp/feature/focus/11-OECD/pdf/FSaES_20150827.pdf

石毛みどり・無藤隆（2005）「中学生における精神的健康とレジリエンスおよびソーシャル・サポートとの関連」『教育心理学研究』53：356-367.

磯部潮（2008）『子どもに起こりやすい心の病気』『児童心理』879：54-68.

内海裕美（2011）『災害ストレスから子どもの心を守る本』河出書房新社.

遠藤利彦（2017）「「非認知」なるものの発達と教育——その可能性と陥穽を探る」遠藤利彦（研究代表者）『非認知的（社会情緒的）能力の発達と科学的検討手法についての研究に関する報告書』
　　https://www.nier.go.jp/05_kenkyu_seika/pdf_seika/h28a/syocyu-2-1_a.pdf

沖潤一・衛藤隆・山縣然太朗（2001）「医療機関および学校を対象として行った心身症，神経症等の実態調査のまとめ」『日本小児科学会雑誌』105：1317-1323.

小花和 W. 尚子（1999）「震災ストレスにおける母子関係」『日本生理人類学会誌』4：17-22.

小花和 W. 尚子（2002）「幼児期の心理的ストレスとレジリエンス」『日本生理人類学会誌』7：25-32.

川上俊亮（2014）「分離不安障害」近藤直司編著『不安障害の子どもたち』合同出版.

熊崎博一（2014）「年齢・性別における子どものトラウマ反応と心のケア」友田明美・杉山登志郎・谷池雅子編『子どもの PTSD ——診断と治療』診断と治療社.

厚生労働省（2000）『21世紀における国民健康づくり運動報告書』

https://www.mhlw.go.jp/www1/topics/kenko21_11/pdf/all.pdf

小林真・加藤知里（2001）「幼児のストレス対処行動に気質と食生活が及ぼす影響」『富山大学教育学部研究論集』4：59-66.

菅原ますみ（1997）「養育者の精神的健康と子どものパーソナリティの発達──母親の抑うつに関して」『性格心理学研究』5：38-55.

高辻千恵（2002）「幼児の園生活におけるレジリエンス」『教育心理学研究』50, 427-435.

傳田健三（2016）「「子どものうつ病」再考」『児童青年精神医学とその近接領域』57：415-424.

仁平義明（2016）「レジリエンス研究の展開」『児童心理』1015：13-20.

「災害時における家族支援の手引き」編集委員会（1998）『災害時における家族支援の手引き：乳幼児をもつ家族をささえるために』
http://square.umin.ac.jp/shiihara/shinsai.pdf

藤森和美（2011）「子どもが体験する災害」 藤森和美・前田正治（編著）『大災害と子どものストレス─子どものこころのケアに向けて』誠信書房.

丸谷充子・佐藤菜穂・岩治まどか・吉澤一弥（2019）「熊本地震後の保育所・子育て支援センターの状況および子どもと親の様子──くまもとプロジェクトの質問紙調査から」『日本女子大学紀要　家政学部』66：19-27.

無藤隆（2016）「幼児教育の効果と社会情動的スキルの指導」無藤隆・古賀松香編著『実践事例から学ぶ保育内容　社会情動的スキルを育む「保育内容　人間関係」──乳幼児期から小学校へつなぐ非認知能力とは』北大路書房.

望月彰・工藤英美・山本理絵（2013）「保育園・幼稚園における子育て相談と親のニーズとのズレ──全国調査（保育・子育て３万人調査）の経年比較より」『人間発達学研究』4：47-64.

（栗川直子）

コラム5　保育所保育指針における子ども家庭支援

近年，子ども家庭支援は，保育所，幼稚園，認定こども園をはじめ，地域子ども・子育て支援事業などのさまざまな場において実践されている。その中で，保育所においてどのような子ども家庭支援が行われているかについて，保育所保育指針（以下，保育指針）および保育所保育指針解説を中心に考える。

保育所は，「保育を必要とする」乳幼児が通う児童福祉施設であり，多くの保護者が就労しているため，保護者の仕事と子育ての両立を支援することが求められる。保育士の業務には，子どもの保育と子どもの保護者に対する保育に関する指導という二つがある。この保護者に対する指導は，子育ての考え方や方法を押し付けるものではなく，保護者自身の思いを受け止め，信頼関係を築きながら，保護者の主体性と自己決定を尊重して支援するという福祉的な視点が基本となる（プライバシーの保護や守秘義務も含まれる）。保護者と共に子どもの成長を喜び合うというのが保育士に求められる基本的な態度である。

保育所の特色として，子育て中の保護者に日々関わることができるという点がある。時間は限られるが，送迎時の会話や連絡帳などを通して個別のやりとりができる。子育てに関わる不安や悩みについて，保護者に寄り添いながら相談や助言を行うことが保育士の大切な役割の一つである。保護者の不安に気づいたり，子どもや家庭の状況などを把握し，共に整理したりしながら保護者自身が納得して解決に向かっていけるように支援する。保育士を中心に，園長やほかの職員で支援の内容を共有し，計画を立てて対応することも求められる。その過程において，保育相談支援（相談援助）というソーシャルワークの知識と技術を理解した上で援助が行われる。

ほかにも個人面談や園の行事などのさまざまな機会を通して，保護者が自らの子育てに自信や意欲をもてるよう支援する。そこには，保護者がもつ子育てに対する潜在的な力を高めるというエンパワメントの考えが根底にある。

日々子どもへの養護と教育を行い，一人ひとりの子どもの発達や内面を深く理解していることが保育所における保育士の専門性の一つである。保育士が保護者に対して，子どもを深く理解する視点を伝えたり，遊びを広げる実践を示したりすることは，保育所を利用する保護者と地域の保護者のどちらに対しても，自ら子育てをする力を向上する支援となる。

2017（平成29）年の保育指針の改定では，改定前の家庭支援の基本的な考えが踏襲されたが，「保護者に対する支援」という章が「子育ての支援」に改められ，近年の保育を取り巻く状況に合わせて内容が加えられた。外国籍家庭，ひとり親家庭，貧困家庭など，特別な配慮を必要とする家庭に対する支援を個別に行うことが更に強調されている。子どもに障害や発達上の課題が見られる場合や，不適切な養育などが疑われる場合は，保育所の専門性の範囲を理解した上で，ソーシャルワークを専門とする関係機関と連携・協働していく重要性も改めて示されている。

地域の子育て家庭に対する支援も保育所の役割の一つであるが，前回の改定以降，子ども・子育て支援制度が施行され，市町村における「地域子ども・子育て支援事業」が展開されている。自治体によって少々異なるものの，一時預かりや延長保育など，保育所が直接携わる事業と，利用者支援事業など，ほかの組織が主体となる事業とに分かれる。そのような地域における多様な子ども家庭支援の取り組みと，保育所における子育て支援がどのように連携・協働していくかを新たに模索しているのが現状である。

2017（平成29）年，保育指針は幼稚園教育要領，幼保連携型認定こども園教育・保育要領と同時に告示され，三つの指針・要領の整合性が更に図られた。柏女（2019）は，それにより保育指針における福祉的な視点が曖昧になったと述べている。乳児期から就学前まで継続的に保育を行う保育所だからできること，福祉職である保育士だからできることという視点から，保育所における子ども家庭支援を改めて考える必要がある。

引用文献

柏女霊峰（2019）『混迷する保育政策を解きほぐす――量の拡充・質の確保・幼児教育の振興のゆくえ』明石書店．

（橋本祐子）

第12章　子ども家庭支援をめぐる現代の社会的状況と課題

　今日，子どもと子育て家庭を取り巻く社会的状況は大きく変化しているが，このことに対応して，子ども・子育て支援新制度，地域子ども・子育て支援事業，子育て世代包括支援センター，市区町村子ども家庭総合支援拠点，新しい社会的養育ビジョンなどの新たな制度が整備されている。そこで，本章では，そうした子ども家庭支援の動向とともに，子どもと子育て家庭を支援する際の基本的枠組みとソーシャルワークについて学ぶ。

1. 次世代育成支援

（1）少子化対策から次世代育成支援対策へ

　少子化は現代の深刻な社会問題であるが，これが本格化するのは，1989（平成元）年に「合計特殊出生率」（1人の女性が出産可能な15歳から49歳までに産む子どもの数の平均）が，「人口置換水準」（人口が増加も減少もしない均衡した状態となる合計特殊出生率の水準のこと）」の2.08を下回った頃あたりからである。

　こうした少子化の対策のため，1994（平成6）年12月に「エンゼルプラン」（今後の子育て支援のための施策の基本的方向）が策定され，1995（平成7）年度～1999（平成11）年度の5年間に取り組むべき基本的方向と重点施策が定められた。その後，1999年（平成11）12月に「少子化対策推進基本方針」（少子化対策推進関係閣僚会議決定）と「新エンゼルプラン」（重点的に推進すべき少子化対策の具体的実施計画について）が策定され，2000（平成12）年度～2004（平成16）年度の5年間に取り組むべき重点施策の具体的実施計画が示された。

　しかし，エンゼルプラン，新エンゼルプラン，いずれも，少子化の進行に歯止めをかけることはできず，待機児童のみが増加した。なぜならば，両プランが，保育所の量的拡充，乳児保育や延長保育等の多様な保育サービスの充実，地域子育て支援センターの整備などの「保育対策」を中心としていたからである。そのため，「仕事と子育ての両立」や「雇用環境の整備」は手つかずの状況であった。

　それで，2002（平成14）年9月20日に，「少子化対策プラスワン」が示され，「男性を含めた働き方の見直し」「地域における次世代支援」「社会保障にお

ける次世代支援」「子どもの社会性の向上や自立の促進」の４つが柱とされた。さらに，2003（平成15）年３月に，少子化対策推進関係閣僚会議において，「次世代育成支援に関する当面の取組方針」が決定され，子どもたちの健やかな成長と子育て世代を全世代で支え，次世代育成に参画できる社会を目指すことが明確になった。そして，同年７月に，「次世代育成支援対策推進法」が成立し，地方自治体（特定事業主）および企業（一般事業主）における10年間の集中的・計画的な取り組みを促進することになったのである。

（２）次世代育成支援対策

　この「次世代育成支援対策推進法」は，2005（平成17）年４月１日から施行されたが，10年間の時限立法のため，2014（平成26）年に，法律の有効期限が10年間延長されて，2025（平成37）（令和７）年３月31日までの時限立法となった。
　以下の５点が，この法律の概ねの内容である。

表12-1　「次世代育成支援対策推進法」概要

① 国は，地方公共団体及び事業主が行動計画を策定する際の根拠となる「行動計画策定指針を策定」。
② 市町村及び都道府県は，国の行動計画策定指針に即して，地域における子育て支援，親子の健康の確保，教育環境の整備，子育て家庭に適した居住環境の確保，仕事と家庭の両立等の目標とそれを達成するための「行動計画を策定」。
③ 事業主は，国の行動計画策定指針に即して，目標を達成するために「一般事業主行動計画を策定」し，都道府県労働局長に届出。
④ 業主からの申請に基づき行動計画を定めた目標を達成したこと等の基準に適合する「事業主を認定」。
⑤ 一般事業主行動計画を策定し届出する件は，101人以上の労働者を雇用する事業主には義務づけられ，100人以下の労働者を雇用する事業主には努力義務とされた。

注：事業主とは，事業を経営する主体のことであり，企業の経営者のことをいう。

　この次世代育成支援対策推進法によれば，事業主は，行動計画を策定・届出し，一定の要件を満たすと，厚生労働大臣の「くるみん認定」を受け，「くるみんマーク」を表示することができる。さらに，2015（平成27）年４月１日からは，この「くるみん認定」を受けた「子育てサポート企業」の中でも，特に次世代育成支援対策の実施状況が優良な企業には，「新たな認定（特例認定）」が受けられることになっている。この新たな認定を受けた企業は，「プラチナくるみんマーク」を広告等に表示することができ，そのことは，高い水準の子育て支援の取り組みを行っている「子育てサポート企業」であることのアピールとなるので，企業のイメージアップや優秀な人材確保につながり，加えて，税制上の優遇措置（くるみん税制）の適用も受けられるということになる。

　また，行動計画策定指針には，企業における仕事と家庭生活の両立支援の
さらなる取り組みを促進するために，① 非正規雇用の労働者が取り組みの
対象であることが明記されるとともに，② 男性の育児休業取得促進，所定
外労働の削減の取り組み，年次有給休暇の取得促進の取り組み等，働き方の
見直しに資する取組を進めることが重要であることが明記されている。

　さらに，認定制度を充実するために以下の見直しがなされている。① 男
性の育児休業取得に係る基準について中小企業の特例を拡充する，② 女性
の育児休業取得に係る基準の見直しについて検討する，③ 働き方の見直し
に資する多様な労働条件の整備のための措置に係る基準について見直す。

　そして，現行の認定制度の基準よりも高い基準を設けて，新たな認定制
度・基準「プラチナくるみん認定制度」を創設することになっているのであ
る。

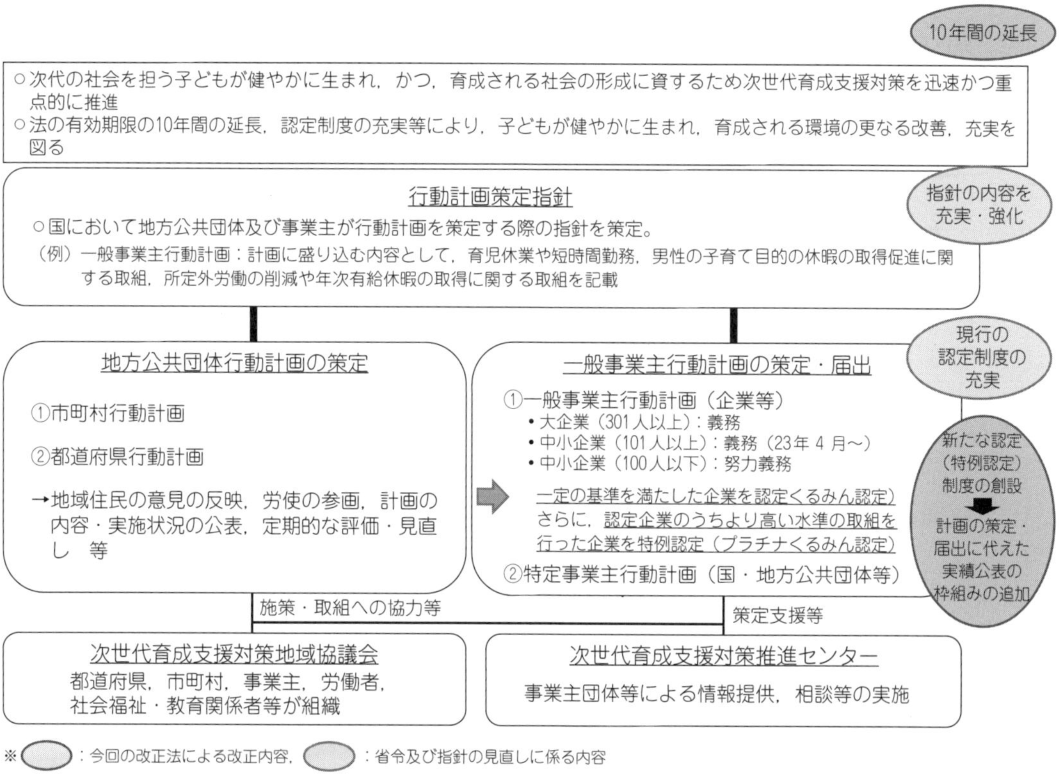

10年間の延長

○次代の社会を担う子どもが健やかに生まれ，かつ，育成される社会の形成に資するため次世代育成支援対策を迅速かつ重
　点的に推進
○法の有効期限の10年間の延長，認定制度の充実等により，子どもが健やかに生まれ，育成される環境の更なる改善，充実を
　図る

行動計画策定指針

指針の内容を
充実・強化

○国において地方公共団体及び事業主が行動計画を策定する際の指針を策定。
（例）一般事業主行動計画：計画に盛り込む内容として，育児休業や短時間勤務，男性の子育て目的の休暇の取得促進に関
　　　する取組，所定外労働の削減や年次有給休暇の取得に関する取組を記載

現行の
認定制度の
充実

地方公共団体行動計画の策定

①市町村行動計画

②都道府県行動計画

→地域住民の意見の反映，労使の参画，計画の
　内容・実施状況の公表，定期的な評価・見直
　し　等

一般事業主行動計画の策定・届出

①一般事業主行動計画（企業等）
　•大企業（301人以上）：義務
　•中小企業（101人以上）：義務（23年4月～）
　•中小企業（100人以下）：努力義務

　一定の基準を満たした企業を認定くるみん認定）
　さらに，認定企業のうちより高い水準の取組を
　行った企業を特例認定（プラチナくるみん認定）
②特定事業主行動計画（国・地方公共団体等）

新たな認定
（特例認定）
制度の創設

計画の策定・
届出に代えた
実績公表の
枠組みの追加

施策・取組への協力等

策定支援等

次世代育成支援対策地域協議会
都道府県，市町村，事業主，労働者，
社会福祉・教育関係者等が組織

次世代育成支援対策推進センター
事業主団体等による情報提供，相談等の実施

※ ⬭：今回の改正法による改正内容，⬭：省令及び指針の見直しに係る内容

図12-1　次世代育成支援対策推進法の概要と改正のポイント

注：＊2025（令和5）年3月末までの時限立法：2005（平成17）年～10年間の時限立法を10年延長
出典：厚生労働省（2018）『平成30年版厚生労働白書』。

２．子ども家庭支援の新たな動向

（１）子ども・子育て支援新制度

　「子ども・子育て支援新制度」は，2012（平成24）年８月に成立したいわゆる「子ども・子育て関連３法」（「子ども・子育て支援法」「認定こども園法の一部改正」「子ども・子育て支援法及び認定こども園法の一部改正法の施行に伴う関係法律の整備等に関する法律」）に基づいている。この新制度は，「幼児期の学校教育や保育，地域の子育て支援の量の拡充や質の向上を進めていくために作られた制度」であって，2015（平成27）年４月から始まった。

　子ども・子育て支援新制度では，市町村主体としては，認定こども園・幼稚園・保育所・小規模保育など共通の財政支援と，地域の実情に応じた子育て支援が行われている。また，国主体としては，仕事と子育ての両立支援がなされている。

　認定こども園・幼稚園・保育所・小規模保育など共通の財政支援は，認定こども園（幼保連携型，幼稚園型，保育所型，地方裁量型），幼稚園，保育所における施設型給付と，小規模保育，家庭的保育，居宅訪問型保育，事業所内保育における地域型給付から構成されている。また，地域の実情に応じた子育て支援としては，地域子ども・子育て支援事業が行われている。そして，仕事と子育ての両立支援としては，仕事・子育て両立支援事業が行われている。

（２）地域子ども・子育て支援事業

　市町村は，「子ども子育て支援新制度」に基づいて「地域子ども・子育て支援事業」を地域の実情に応じて実施することとなっている。この事業は，教育・保育施設を利用する子どもの家庭だけでなく，在宅の子育て家庭を含むすべての家庭および子どもを対象とする事業として，「利用者支援事業」「地域子育て支援拠点事業」「妊婦健康診査」「乳児家庭全戸訪問事業」「養育家庭訪問事業」など13の事業から成り立っている。

　市町村は，「子ども・子育て支援法」第59条により，子ども・子育て家庭等を対象とする事業として，「市町村子ども・子育て支援事業計画」を作成することになっている。

（３）利用者支援事業

　「利用者支援事業」は，市区町村が，教育・保育施設や地域の子育て支援事業等の利用について情報収集を行うとともに，それらの利用に当たっての

「利用者支援事業」の概要

事業の目的

○ 子育て家庭や妊産婦が，教育・保育施設や地域子ども・子育て支援事業，保健・医療・福祉等の関係機関を円滑に利用できるように，身近な場所での相談や情報提供，助言等必要な支援を行うとともに，関係機関との連絡調整，連携・協働の体制づくり等を行う

実施主体

○ **市区町村**とする。ただし，市区町村が認めた者への委託等を行うことができる。

 地域子育て支援拠点事業と一体的に運営することで，市区町村における子育て家庭支援の機能強化を推進

3つの事業類型

基本型

○ 「基本型」は，「利用者支援」と「地域連携」の2つの柱で構成している。

【利用者支援】
地域子育て支援拠点等の身近な場所で，
○子育て家庭等から日常的に相談を受け、個別のニーズ等を把握
○子育て支援に関する情報の収集・提供
○子育て支援事業や保育所等の利用に当たっての助言・支援
→当事者の目線に立った、寄り添い型の支援

【地域連携】
○より効果的に利用者が必要とする支援につながるよう、地域の関係機関との連絡調整、連携・協働の体制づくり
○地域に展開する子育て支援資源の育成
○地域で必要な社会資源の開発等
→地域における、子育て支援のネットワークに基づく支援

《職員配置》専任職員（利用者支援専門員）を1名以上配置
※子ども・子育て支援に関する事業（地域子育て支援拠点事業など）の一定の実務経験を有する者で、子育て支援員基本研修及び専門研修（地域子育て支援コース）の「利用者支援事業（基本型）」の研修を修了した者等

特定型（いわゆる「保育コンシェルジュ」）

○ **主として市区町村の窓口**で、子育て家庭等から保育サービスに関する相談に応じ、地域における保育所や各種の保育サービスに関する情報提供や利用に向けての支援などを行う
《職員配置》専任職員（利用者支援専門員）を1名以上配置
※子育て支援員基本研修及び専門研修（地域子育て支援コース）の「利用者支援事業（特定型）」の研修を修了している者が望ましい

母子保健型

○ **主として市町村保健センター等**で、保健師等の専門職が、妊娠期から子育て期にわたるまでの母子保健や育児に関する妊産婦等からの様々な相談に応じ、その状況を継続的に把握し、支援を必要とする者が利用できる母子保健サービス等の情報提供を行うとともに、関係機関と協力して支援プランの策定などを行う
《職員配置》母子保健に関する専門知識を有する保健師、助産師等を1名以上配置

図12-2　利用者支援事業の概要

出典：厚生労働省（2015）「利用者支援事業」の概要.

相談に応じ，必要な助言を行い，関係機関等との連絡調整等を実施するものである。

　この「利用者支援事業」においては，子育て家庭や妊産婦が，教育・保育施設や地域子ども・子育て支援事業，保健・医療・福祉等の関係機関を円滑に利用できるように，身近な場所での相談や情報提供，助言等必要な支援を行うとともに，関係機関との連絡調整，連携・協働の体制づくり等を行うとされている。

　言い換えれば，子育て家庭が抱えるさまざまな幼児教育・保育に関するニーズに応じて，多様な幼児教育・保育事業を確実に利用できるようにコーディネーションしていく，ケースマネジメントの役割を果たすことになるといえる。

　また，「利用者支援事業」は，「地域子育て支援拠点事業」と一体的に運営することで，市区町村における子育て家庭支援の機能強化を推進することとしている。家庭や地域における子育て機能の低下や，子育て中の親の孤独感や負担感の増大等に対応するために，現在，地域子育て支援拠点で行われている地域の子育て中の親子の交流促進や育児相談との一体的な運営が求めら

れているのである。

（4）地域子育て支援拠点事業

　3歳未満児の約6〜7割は，家庭で子育てをしていることに加えて，地域社会における人々のつながりが希薄化し，自分の生まれ育った地域以外での子育て家庭が増加し，男性の子育てへの関わりが少ないといった子育て家庭を取り巻く状況がある。こうした背景により，子育て家庭が孤立化し，子育ての不安感や負担感が増大し，多様な大人や子どもと関わる機会が減少している。そのため，子育て中の親子が気軽に集い，子育ての不安・悩みを相談できる場を提供することが求められていた。

　そこで，「地域子育て支援拠点事業」においては，「①子育て親子の交流の場の提供と交流の促進」「②子育て等に関する相談，援助の実施」「③地域の子育て関連情報の提供」「④子育て及び子育て支援に関する講習等の実施」の基本4事業を実施することになった。なお，「地域子育て支援拠点事業」を実施する地域子育て支援拠点は，市町村，社会福祉法人，NPOなどさまざまな形態によって運営されている。

　なお，地域社会から孤立し，支援が行われている場へ参加できない親子への支援として，地域子育て支援拠点の保育機能を活用した出前保育があるが，

背景
- 3歳未満児の約6〜7割は家庭で子育て
- 核家族化，地域のつながりの希薄化
- 自分の生まれ育った地域以外での子育ての増加
- 男性の子育てへの関わりが少ない
- 児童数の減少

課題
- 子育てが孤立化し，子育ての不安感，負担感
- 子どもの多様な大人・子どもとの関わりの減
- 地域や必要な支援とつながらない

地域子育て支援拠点の設置

子育て中の親子が気軽に集い，相互交流や子育ての不安・悩みを相談できる場を提供

地域子育て支援拠点

4つの基本事業
①子育て親子の交流の場の提供と交流の促進
②子育て等に関する相談，援助の実施
③地域の子育て関連情報の提供
④子育て及び子育て支援に関する講習等の実施

＋

○更なる展開として
- 地域の子育て支援活動の展開を図るための取組（一時預かり等）
- 地域に出向き，出張ひろばを開設
- 高齢者等の多様な世代との交流，伝統文化や習慣・行事の実施　等

- ■公共施設や保育所，児童館等の地域の身近な場所で，乳幼児のいる子育て中の親子の交流や育児相談，情報提供等を実施
- ■NPOなど多様な主体の参画による地域の支え合い，子育て中の当事者による支え合いにより，地域の子育て力を向上

30年度実施か所数（交付決定ベース）
7,431か所

図12-3　地域子育て支援拠点事業の概要
出典：厚生労働省（2014）「地域子育て支援拠点事業」.

そうした出前保育も利用しない場合には，家庭訪問型のリーチアウトを行うことが必要になってくる。また，地域社会全体で子育て家庭を支援していくために，社会福祉事務所や家庭児童相談室などのフォーマルなサービスと，民生委員・主任児童委員といったインフォーマルなサポートと連携，協力がなされている。

　子育て家庭が，家族・親族や近隣などの支援（インフォーマルなサポート）を得られず，地域子育て支援拠点へ出向いてサービス（フォーマルなサービス）を利用することもなく，地域社会から孤立している場合には，事態は非常に深刻である。そうした子育て家庭が地域社会から孤立することなく，支援のネットワークからこぼれおちないように支援していくシステム体制を整備することが，そして，それを実施する専門的人材を養成することが課題となっている。

（5）要保護児童対策地域協議会（子どもを守る地域ネットワーク）

　2004（平成16）年度児童福祉法改正によって，「要保護児童対策地域協議会（子どもを守る地域ネットワーク）」が，任意設置ではあるが，法律上はじめて位置付けられた。この協議会は，関係機関が要保護児童（児童虐待を受けている子どもなど）に関する情報や考え方を共有し，関係機関相互の連

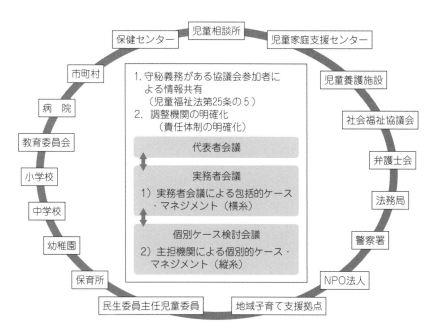

図12-4　要保護児童対策地域協議会（子どもを守る地域ネットワーク）

出典：厚生労働省（2004）「要保護児童対策地域協議会設置・運営指針」と才村（2005）を参考に作成.

携や役割分担の調整を行う機関である。そこにおいては，個人情報を保護した上で情報が共有され，要保護児童とその保護者に関する情報の交換や支援内容の協議がなされることになっている。

（6）母子健康包括支援センター（子育て世代包括支援センター）

2017（平成29）年4月1日に施行された改正母子保健法によって，母子健康包括支援センター（子育て世代包括支援センター）が法定化された。

子育て世代包括支援センターでは，保健師等が対象地域のすべての妊産婦の状況を継続的に把握し，妊娠期から子育て期にわたるまでの母子保健や子育てに関する相談に対応することとなっている。

保健師等は，教育・保育・保健施設や地域子育て支援拠点等の情報を収集し，把握した情報に基づいて，利用できる母子保健サービス等を選定し，情報提供を行っている。また，必要に応じて母子保健サービス機関へつなぎ，手厚い支援を必要とする者に対しては，ケース会議等を設けて関係機関と連携調整しながら，ネットワークを形成し，妊娠期から子育て期にわたり，妊産婦を包括的・継続的に支援している。

子育て世代包括支援センターの最大の特色は，妊娠・出産・子育てに関するリスクの有無にかかわらず，予防的な視点を中心として，すべての妊産婦，乳幼児，保護者を対象として支援を行う「ポピュレーションアプローチ」に

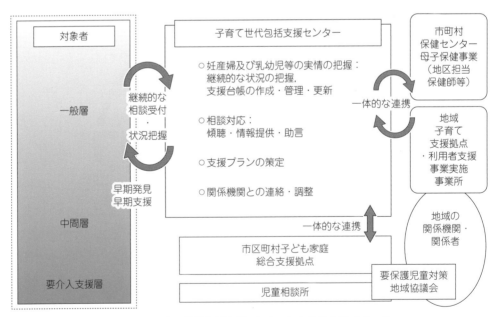

図12-5　子育て世代包括支援センターにおける支援イメージ

出典：厚生労働省（2017）「子育て世代包括支援センター業務ガイドライン」．

ある（一般層を対象とする早期発見，早期支援）。支援のニーズがない妊産婦，乳幼児，保護者であっても，子育てをしていく過程で，地域社会から孤立する可能性はあるため，支援のニーズが顕在化していない者に対しても「継続的な見守り」を行う必要がある。その際，妊産婦，乳幼児，保護者の情報を管理することで，問題が深刻化する前に早期発見と早期支援を行い，保健センター，地域子育て支援拠点，利用者支援事業実施事業所など地域社会における関係機関との連携を強化することが求められる。その一方で，より専門的な支援を必要とする対象者には，市区町村子ども家庭総合支援拠点，児童相談所との連携によって対応することになる。

（7）市区町村子ども家庭総合支援拠点

　2017（平成29）年4月1日に施行の改正児童福祉法第10条の2では，「児童及び妊産婦の福祉に関し，実情の把握，情報の提供，相談，調査，指導，関係機関との連絡調整その他の必要な支援を行うための拠点の整備に努めなければならない」とされている。これを受けて整備されたのが，「市区町村子ども家庭総合支援拠点」であって，これは，地域のリソースやサービスとつないでいくソーシャルワークの機能を担うものである。

　「市区町村子ども家庭総合支援拠点」の具体的な業務内容は，①「子ども家庭支援全般に係る業務（実情の把握，情報の提供，相談等への対応，総合調整）」，②「要支援児童及び要保護児童等への支援業務（危機判断とその対応，調査，アセスメント，支援計画の作成等，支援及び指導等，児童相談所の指導措置委託を受けて市区町村が行う指導）」，③「関係機関との連絡調整（要保護児童対策調整機関における関係機関との調整）」，④「その他の必要な支援（一時保護又は措置解除後の児童等が安定した生活を継続していくための支援など）」である。

　そして，図12-6に示したように，「子育て世代包括支援センター」が把握した情報の中から，特に要保護児童・要支援児童・特定妊婦に係る情報については，速やかに，かつ円滑に「市区町村子ども家庭総合支援拠点」につなげていくことが重要となる。そのための具体的方策としては，「要保護児童対策地域協議会」等を活用して情報共有を行ったり，両機関が同一場所で実施したり，両機関が共同して支援したりすることが挙げられる。

（8）新しい社会的養育ビジョン

　2016（平成28）年の児童福祉法改正によって，子どもが権利の主体であり，実親による養育が困難であれば，里親や特別養子縁組などで養育がなされるといった家庭養育優先の理念が規定された。

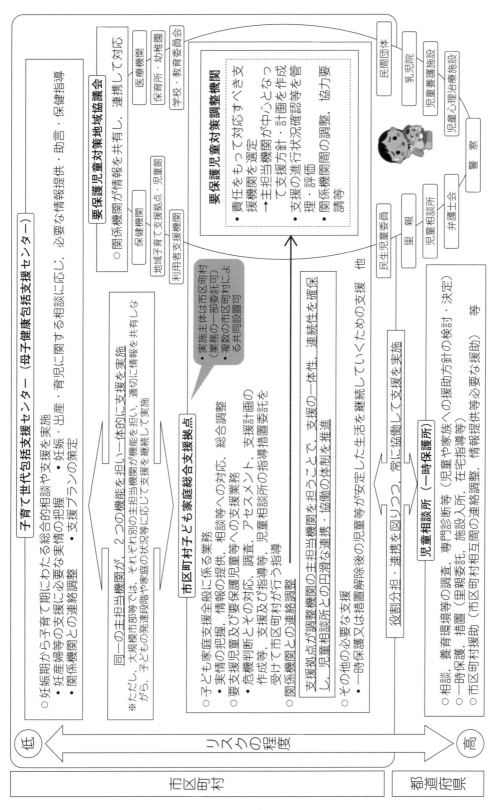

図12-6　市区町村子ども家庭総合支援拠点と他機関との関係

出典：厚生労働省（2018）「市町村・都道府県における子ども家庭総合支援体制の整備に関する取組状況について（追加資料）」．

　その後，厚生労働省の新たな社会的養育の在り方に関する検討会が2017（平成29）年8月2日に示した「新しい社会的養育ビジョン」によって，これまで分断され，二元化されていた子育て家庭への在宅支援と社会的養護は一元化され，両者が統合されることになった。

　「新しい社会的養育ビジョン」により，これからの社会的養育は，市区町村を中心とした地域支援を基盤として行われ，「家庭と同様の養育環境」が優先されることになる。また，児童相談所の機能強化と一時保護改革が行われることになる。さらに，施設養育の「小規模化」「地域分散化」「高機能化」が図られるとともに，実親による養育が困難である場合は，特別養子縁組による永続的解決（パーマネンシー保障）や，里親による養育が推進されるようになるのである。そして，代替養育や集中的在宅ケアを受けた子どもの自立支援が徹底されることになったのである。

表12-2　「新しい社会的養育ビジョン」5つのポイント

①市区町村を中心とした支援体制の構築
②児童相談所の機能強化と一時保護改革
③代替養育における「家庭と同様の養育環境」原則に関して乳幼児から段階を追っての徹底，家庭養育が困難な子どもへの施設養育の「小規模化」「地域分散化」「高機能化」
④永続的解決（パーマネンシー保障）の徹底
⑤代替養育や集中的在宅ケアを受けた子どもの自立支援の徹底

出典：厚生労働省（2017）「新たな社会的養育の在り方に関する検討会」平成29年8月2日.

3．子どもと子育て家庭への支援とソーシャルワーク

（1）保育士の役割と子育て支援

　保育士の役割として，「全国保育士会倫理綱領」に，「私たちは，子どもの育ちを支えます。私たちは，保護者の子育てを支えます。私たちは，子どもと子育てにやさしい社会をつくります」と記されている。これにより，保育士の業務は，「子育ち支援」「子育て支援」「地域育て支援」である，となっている。

　子どもと子育て家庭を支援する際，とりわけ重要になるのが，育てる，育ち合うといった親子関係を形成していく「子育て支援」である。

　「子育て支援」においては，よりよい親子関係を形成しながら，親自身が少しずつ子育て力を高めていくことが重要なポイントになる。そのため，子育てをする側の親と子育てをされる側の子どもとの両者の良好な関係を構築していくかということが必要になる。

　親は子育てをする側であり，子どもは子育てをされる側といえるが，実際

に子育てをしてみると，親は子育てを通して，さまざまなこと学び，親として，人として，成長・発達していくことができる。たとえば，家庭で子育てについて話し合い，深く考えることを通して，子育ての理解を深めることができる。また，地域社会においては，子育て仲間と子育てについて語り合うことで，さまざまな子育ての仕方やものの見方について触れることができる。さらに，保育所や地域子育て支援拠点といった専門的な社会資源を利用することにより，子育ての悩みについて助言を得たり，心理的なサポートを受けたりすることで，自分なりの子育てや適切な親子関係について理解を深めることができる。

そして，こうした「子育て支援」が行われる際には，子どもの成長・発達のための「子どもの育ちを育む支援」，子育てをしている親の生活を支え，親自身の成長・発達を支援する「親の育ちを育む支援」，親子が成長・発達できる子育てしやすい環境を社会全体で育むといった「地域社会を育む」といった多様な視点が必要なのである。

（2）子どもと子育て家庭への支援の方向性とソーシャルワーク

子育て家庭が，地域社会から孤立し，子育て不安やストレスの増大を引き金として，児童虐待やネグレクトなどを引き起こすことがある。こうしたことのないように，子育て家庭を支援する専門職には，ファミリーソーシャルワークなどの専門的な支援を行うことが期待されている。そして，子育て家庭のウェルビーイングを促進する方向へと社会的に支援していくことは，国民全体で取り組むべき社会的な課題である。

家族に焦点を当てたアプローチが「ファミリーソーシャルワーク」であるが，ここで「ソーシャルワーク」について触れておく必要がある。このことに関して，2014年にIFSWおよびIASSWのメルボルン総会において採択された「ソーシャルワーク専門職のグローバル定義」では次のようになっている。

ソーシャルワークは，社会変革と社会開発，社会的結束，および人々のエンパワメントと解放を促進する，実践に基づいた専門職であり学問である。社会正義，人権，集団的責任，および多様性尊重の諸原理は，ソーシャルワークの中核をなす。ソーシャルワークの理論，社会科学，人文学，および地域・民族固有の知を基盤として，ソーシャルワークは，生活課題に取り組みウェルビーイングを高めるよう，人々やさまざまな構造に働きかける。

この定義は，各国および世界の各地域で展開してもよい。

　この定義の中に，「ソーシャルワークは，生活課題に取り組みウェルビーイングを高めるよう，人々やさまざまな構造に働きかける」とあり，その詳細については，「実践」の箇所で「ソーシャルワークの正統性と任務は，人々がその環境と相互作用する接点への介入にある」とされている。

　しかし，日本には，2014年よりもおよそ30年以上前に「人と環境の相互作用する接点への介入」を「ソーシャルワーク」の本質と説いた岡村（1983）による社会福祉固有の理論がある。人と環境（制度・サービス）との関係を「社会関係」と呼ぶ岡村（1983）は，「社会関係」こそが生活の本質的な条件であり，援助の対象は，サービスを受ける個人や集団でも，個人や集団を取り巻く環境でもなく，人と環境との接点にある「社会関係」であるとしている。また，「社会関係」には，把握できる客体的な制度的側面と，とらえられない主体的な個人的側面の二重構造がある。そして，この二側面が相互に矛盾し，「社会関係」が両立しない事態を「社会関係の不調和」と名付けている。

　さらに岡村は，こうした「社会関係の不調和」を修復する社会福祉の働き・作用（ソーシャルワークの機能）として，①評価的機能（問題把握とニーズ確定およびアセスメント），②調整的機能（ニーズとサービスを調和・調整する機能）③送致的機能（ニーズをサービスへとつなぐ機能），④開発的機能（制度・サービスがない場合に，新たに制度・サービスを作り出す機能），⑤保護的機能（児童虐待など緊急を要する場合において，衣食住の提供や身辺保護など保護する機能）があるとしている。

　この主体的な個人的側面と客体的な制度的側面があるソーシャルワーク機能に関して，山縣（2011）は，「子どもと家族（保護者）との間に入って社会関係の調整をおこなう場合には，岡村のいうように，両者は主体と客体と

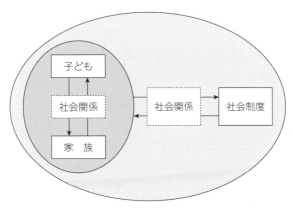

図12-7　子どもと家族をめぐる「社会関係」の二重構造
出典：山縣（2011）．

いう関係でとらえることが可能である。一方，一般の社会制度の利用等に関しては，子どもと家族は一体として主体となり，主体化した家族と社会制度との間の社会関係が調整されることになる」と述べている。すなわち，子どもと家族（保護者）は，主体であると同時に客体であり，子どもと家族が一体化した子育て家庭と社会制度は，主体であると同時に客体であるため，子どもと家族をめぐる「社会関係」は図12-7のように二重構造でとらえられるのである。

（3）保育所保育指針に明示されているソーシャルワーク

厚生労働省（2018）『保育所保育指針解説』の「第4章 子育て支援」では，次のようにソーシャルワークが記されている。

> 保育所における子育て家庭への支援は，このような地域において子どもや子育て家庭に関するソーシャルワークの中核を担う機関と，必要に応じて連携をとりながら行われるものである。そのため，ソーシャルワークの基本的な姿勢や知識，技術等についても理解を深めた上で，支援を展開していくことが望ましい。
>
> ………………
>
> 保育士等は，一人一人の子どもの発達及び内面について理解と保護者の状況に応じた支援を行うことができるよう，援助に関する知識や技術等が求められる。内容によっては，それらの知識や技術に加えて，ソーシャルワークやカウンセリング等の知識や技術を援用することが有効なケースもある。

ここでは，とりわけ「ソーシャルワーク」ということがいわれていることに注目しなければならない。すなわち，子育て家庭への支援に際しては，「ソーシャルワークの基本的な姿勢や知識，技術等」についても理解を深めることが必要とされ，また，不適切な養育などが疑われる家庭への支援においては，「ソーシャルワーク等の知識や技術を援用することが有効なケースもある」ことが指摘されているのである。

このように，保育士が，保育の専門性を生かしながら，ソーシャルワークの姿勢，知識，技術に関する理解を深め，支援を展開していくことが望ましく，ソーシャルワークの知識，技術を援用することが有効なケースもあるのである。才村（2005）も，地域における子育て家庭への支援においてソーシャルワークの取り組みみが強く求められていると主張している。したがっ

て，保育士は，保育所を利用している保護者に対して行われる子育て支援と，地域の保護者などに対して行う地域子育て支援において，援用されるソーシャルワークについて学ぶ必要があるといえる。

（4）子ども家庭支援におけるソーシャルワークの必要性

　子育て家庭の中には，子育て支援サービスを利用したくても利用方法がわからなかったり，利用を我慢していたりする場合がある。さらに，子育てに体罰は不可欠と考えてしつけをしているような子育て家庭もある。こうした親権者等による子どもへの体罰は本来許されるものではないが，2020（令和2）年4月1日施行の改正児童福祉法でこれを厳しく禁止するに至っている。それにもかかわらず，こうした体罰は後を絶たず，子どもを死に至らしめるような事件も依然として起こっている。その場合，親権者等が問題に気づいていないことがあったりするが，その者が，保健センター，家庭児童相談室，地域子育て支援拠点を訪問するのを待っていては支援することができない。

　こうした状況においては，援助者は子育て家庭との間に援助関係を形成し，子育て家庭が問題を解決することへの動機づけを高めるように家庭を訪問して支援する「リーチアウト（reaching-out）」が必要となる。その場合，子育てに関する問題を抱えていても自ら支援を求めることができない子育て家庭を見つけ出す（ケース発見）とともに，必要としている子育て情報や子育て支援サービスを提供するソーシャルワークの機能である「アウトリーチ（out-reach）」が求められる。これにより，子ども・子育てに関するさまざまなニーズや問題に対応した資源やサービスへと確実につないでいくことが可能になるのである。

　なお，保育士が行う子育て支援においては，まず，保育士の専門性や特性を生かすこと，次に，子どもの保護者が子どもの成長に気付き，子育ての喜びを感じられるように支援することが必要である。さらに，各地域や家庭の実態を踏まえ，保護者の気持ちを受け止め，相互の信頼関係を基本に，保護者の自己決定を尊重し，各自の役割分担を明確にし，保育所全体で，協働して支援する体制，すなわちチームワークを大切にした子育て支援を行うことが求められる。

　子ども・子育て家庭の個別ニーズの把握は，さまざまな要因が複雑に絡み合って生活上の問題が生じているため，そうした個別ニーズの把握は，たとえ高度な専門性を身に付けた専門職でも容易ではない，むしろきわめて困難であることの方が多い。支援の必要性があるにもかかわらず，それを実感していないケースが存在することもある。したがって，そうした潜在ニーズを発見し，社会的判断と専門的判断によって，それに対処するソーシャルワー

クが求められることになる（山縣，2011）。

　子育て家庭の抱えているニーズに対して適切なサービスを確実に提供し，利用できるようにするためには，子育て家庭とサービスを提供する機関との連絡・調整が行われなければならない。また，子育て家庭が子育て支援事業・サービスを利用できるようにするためには，子どもと子育て家庭の個別ニーズを継続的，計画的に把握して，専門機関や専門職へつないでいく支援が行われなければならない（芝野，2015）。

　しかし，地域の子育て家庭の中には，子ども・子育て家庭を支援するさまざまな制度・サービスを利用できずに，地域社会から孤立し，児童虐待やネグレクトなどを引き起こしてしまうケースが見られる。それゆえに，潜在ニーズを把握するために，アウトリーチにより，個別のニーズを把握し，直接的・間接的に子ども・子育て家庭を支援することが求められるのである。

```
┌─ 演習問題 ─────────────────────────┐
│                                            │
│ 1．「エンゼルプランと新エンゼルプラン」と「次世代育成支援対策推進法」の   │
│    違いについて整理してみよう。                          │
│ 2．子育て家庭が孤立化し，子育ての不安感や負担感が増大し，多様な大人や子   │
│    どもと関わる機会が減少しているため，子育て中の親子が気軽に集い，子育て  │
│    の不安・悩みを相談できる場で，どのような支援をしたらよいか考えてみよう。 │
│ 3．親が問題に気づいていないことがあったりする場合，どのように子どもと子   │
│    育て家庭への支援をしたらよいか話し合ってみよう。              │
│                                            │
└──────────────────────────────────┘
```

引用・参考文献

秋元美世・大島巌・芝野松次郎・藤村正之・森本佳樹・山縣文治編（2003）『現代社会福祉辞典』有斐閣.

柏女霊峰監修，全国保育士会編（2018）『改訂2版　全国保育士会倫理綱領ガイドブック』全国社会福祉協議会.

厚生労働省（2018）『保育所保育指針解説』

厚生労働省（2018）『平成30年版厚生労働白書』

岡村重夫（1983）『社会福祉原論』全国社会福祉協議会.

才村純（2005）『子ども虐待ソーシャルワーク論——制度と実践への考察』有斐閣.

才村純・加藤博仁編（2019）『子ども家庭福祉の新展開第二版』，同文書院.

才村純・芝野松次郎・新川泰弘・宮野安治編（2019）『子ども家庭福祉専門職のための子育て支援入門』ミネルヴァ書房.

芝野松次郎（2015）『ソーシャルワーク実践モデルのD&D ——プラグマティッ

ク EBP のための M-D&D』，有斐閣.

芝野松次郎・新川泰弘・宮野安治・山川宏和（2020）『子ども家庭福祉入門』ミネルヴァ書房.

山縣文治（2011）「子ども家庭福祉とソーシャルワーク」『ソーシャルワーク学会誌』21，1-13.

（新川泰弘）

人名索引

事項索引

執筆者一覧（執筆順，執筆担当，＊は編著者，編著者紹介参照）

＊大倉 得史（おおくら・とくし，京都大学　教授）第1章

　菅 眞佐子（すが・まさこ，滋賀短期大学　特任教授）第2章

　渡邉 大介（わたなべ・だいすけ，大谷大学　専任講師）第3章

　小高　恵（こたか・めぐみ，太成学院大学　教授）第4章

　小山　顕（おやま・けん，聖和短期大学　専任講師）第5章

　榎本 祐子（えもと・ゆうこ，びわこ学院大学　専任講師）第6章

　磯部 美良（いそべ・みよし，武庫川女子大学　准教授）第7章

　室谷 雅美（むろや・まさみ，豊岡短期大学　准教授）第8章

　前田 雄一（まえだ・ゆういち，南海福祉看護専門学校　専任講師）第9章

　鳥丸佐知子（とりまる・さちこ，京都文教短期大学　教授）第10章

　栗川 直子（くりかわ・なおこ，尚絅大学短期大学部　准教授）第11章

＊新川 泰弘（にいかわ・やすひろ，関西福祉科学大学　教授）第12章

コラム（執筆順，執筆担当）

　西元 直美（にしもと・なおみ，関西福祉科学大学　准教授）コラム1

　稲田 達也（いなだ・たつや，豊岡短期大学　准教授）コラム2

　橋本 祐子（はしもと・ゆうこ，関西学院大学　教授）コラム3，コラム5

　堀田 千絵（ほった・ちえ，京都市立芸術大学　准教授）コラム4

編著者紹介

大 倉 得 史（おおくら・とくし）

2003年　京都大学大学院人間・環境学研究科博士課程修了
　　　　博士（人間・環境学）（京都人学）
現　在　京都大学 教授
主な著書　『拡散 diffusion ――「アイデンティティ」をめぐり僕達は，今』単著，ミネ
　　　　ルヴァ書房，2002
　　　　『語り合う質的心理学』単著，ナカニシヤ出版，2008
　　　　『大学における発達障害者支援を考える』単著，中川書店，2009
　　　　『育てる者への発達心理学―関係発達論入門』単著，ナカニシヤ出版，2011
　　　　『「語り合い」のアイデンティティ心理学』単著，京都大学学術出版会，2011

新 川 泰 弘（にいかわ・やすひろ）

2008年　関西学院大学大学院社会学研究科博士課程後期課程単位取得満期退学
　　　　博士（人間福祉）（関西学院大学）
現　在　関西福祉科学大学 教授
主な著書　『地域子育て支援拠点におけるファミリーソーシャルワークの学びと省察』
　　　　単著，相川書房，2016
　　　　『ソーシャルワーク研究におけるデザイン・アンド・デベロップメントの軌
　　　　跡』分担執筆，関西学院大学出版会，2018
　　　　『子ども家庭福祉の新展開　第二版』分担執筆，同文書院，2019
　　　　『子ども家庭福祉専門職のための子育て支援入門』共編著，ミネルヴァ書房，
　　　　2019
　　　　『子ども家庭福祉入門』共編著，ミネルヴァ書房，2020
　　　　『社会福祉入門』共編著，ミネルヴァ書房，2021

子ども家庭支援の心理学入門

| 2020年10月25日 初版第1刷発行 | 〈検印廃止〉 |
| 2023年 3 月30日 初版第 3 刷発行 | |

定価はカバーに
表示しています

編 著 者	大倉 得史
	新川 泰弘
発 行 者	杉田 啓三
印 刷 者	中村 勝弘

発行所　株式会社　ミネルヴァ書房

607-8494 京都市山科区日ノ岡堤谷町 1
電話(075)581-5191／振替01020-0-8076

© 大倉，新川ほか，2020　　　　中村印刷・藤沢製本

ISBN 978-4-623-08943-7

Printed in Japan

保育・幼児教育・子ども家庭福祉辞典

中坪史典・山下文一・松井剛太・伊藤嘉余子・立花直樹 編集委員　四六判　640頁　本体2500円

●子ども，保育，教育，家庭福祉に関連する多様な分野の基本的事項や最新動向を網羅し，学習から実務まで役立つ約2000語を収載した。実践者，研究者，行政関係者，将来は保育や教育の仕事に携わろうとする学生，子育てを行う保護者，これから子育てを担う人たちなど，子どもに関わる様々な人々を傍らから支える用語辞典。テーマごとの体系的な配列により，「読む」ことで理解を深められる。

子ども家庭福祉専門職のための子育て支援入門

才村 純・芝野松次郎・新川泰弘・宮野安治 編著　B5判　176頁　本体2200円

保育士養成課程の新科目，「子育て支援」「子ども家庭支援論」の教科書。児童福祉法，子ども・子育て支援新制度における地域子ども・子育て支援事業，保育所保育指針の改定における子育て支援などを踏まえて，子ども家庭福祉の理論と実践に関する専門的知識・技術と実践力を修得するために必要となる内容をわかりやすく解説する。

子ども家庭福祉入門

芝野松次郎・新川泰弘・宮野安治・山川宏和 編著　B5判　164頁　本体2200円

「子ども家庭福祉」の理論と実際について，わかりやすく解説する。子どもと子育て家庭を支援するための基礎的・専門的な知識や技術を網羅。「子ども家庭福祉の理念・法制度と子育て家庭を支援するソーシャルワーク」を学ぶことに主眼を置いた。各章の終わりには，内容の確認・応用・深化のために，「演習問題」を設けている。また，子育て支援にかかわるいくつかの重要なテーマについて，コラムで解説した。

子どもの心を育てる新保育論のために──「保育する」営みをエピソードに綴る

鯨岡 峻 著　A5判　298頁　本体2200円

子どもの心の動きを真に問題にした「新しい保育論」を提言。「いつ，何を子どもたちにさせるか」という従来のカリキュラム的発想ではなく，子どもの心の動きに沿って保育者が対応するところを取り上げようとする立場から，子どもと保育者の関係性を軸にした「新しい保育論」の必要性を説きます。エピソードに描き出されるものこそ「保育する」営みそのものであるという考えのもと，本書では珠玉の34本のエピソード記述を紹介。保育者によるエピソードと著者による解説を読み解くなかで，"新たな保育のかたち"が見えてきます。

ミネルヴァ書房

https://www.minervashobo.co.jp/